Finde den Fehler

# Finde den Fehler

Andrea Hundsdorfer

Bibliographische Information der Deutschen Bibliothek: Die Deutsche Biblikothek verzeichnet diese Publikation in der Deutschen National-bibliographie; detailierte bibliographische Daten sind im Internet über http//dnb.ddb.de abrufbar.

Originalausgabe: 2022
Copyright: 2022 Andrea Hundsdorfer
Herstellung und Verlag: Books on Demand, Norderstedt

ISBN: 9783756231096

# Prolog

## *1989*

*»Finde den Fehler«, forderte er mich auf. Der DIN A3 große Bogen Papier lag ausgebreitet vor mir auf dem Esstisch. Im spärlichen Schein der Glühbirne der alten Pendelleuchte suchten meine Augen nach der Lösung in dem Wirrwarr von Linien, Zahlen und mir größtenteils unbekannten Symbolen. Immer hektischer huschten meine Pupillen über das Blatt. Panik machte sich breit und der Druck auf meine ohnehin volle Blase erhöhte sich.*

*Ich warf einen flehentlichen Blick in Richtung Küche, doch meine Mutter stand mit dem Rücken zu mir an der Spüle und gab vor, das Geschirr vom Abendessen abzuwaschen. Ich fixierte einen Punkt zwischen ihren Schulterblättern und verstärkte meinen Blick. Warum nur spürte sie ihn nicht? »Finde den Fehler!« Sie zuckte zusammen, also hatte sie die Aufforderung gehört, rührte sich aber immer noch nicht vom Fleck. Bitte dreh dich um! Hilf mir! Beschütze mich! Komm zu mir und schick mich, deinen gerade mal zehnjährigen Sohn, zum Zähneputzen ins Bad, bettelte ich im Stillen.*

*Der Schlag traf mich völlig unvorbereitet. Meine Finger und Zehen zogen sich krampfartig zusammen, mein Kopf schlug ruckartig gegen die hölzerne Rücklehne des Stuhls auf dem ich saß. So schnell wie er gekommen war, war der Schmerz wieder vorbei. Mein Kopf dröhnte, kalter Schweiß brach mir aus allen Poren und ich schmeckte Blut. Ich musste mir auf die Zunge gebissen haben.*

*»FINDE DEN FEHLER!«, schrie mein Vater ungehalten. Tränen schossen mir in die Augen und ich versuchte, durch den feuchten Schleier hindurch, den elektronischen Schaltplan zu entschlüsseln, den er vor mir auf dem Esstisch ausgebreitet hatte. Wieder und wieder wischte ich mir die Tränen von den Wangen. Meine Augäpfel huschten nervös hin und her, unfähig einen Fehler zu entdecken. Ich würde ihn nicht finden, ich hatte keine Chance, ich ... Der zweite Stromstoß war noch heftiger als der erste. Der Schmerz, der mich durchfuhr, war unbeschreiblich. Mein Unterschenkel schlug hart gegen das Tischbein, während sich mein ganzer Körper unter der Spannung, die er ertragen musste, aufbäumte und schließlich den Halt verlor. Ungebremst schlug ich auf den harten Fliesen auf, dann wurde es endlich schwarz um mich herum.*

# Erstes Kapitel

Ivonnes Schlüsselbund landete scheppernd in der kleinen Metallschale, die auf dem Schuhschrank im Flur stand, ihre dunkelbraune, abgewetzte Lederjacke am einzigen Haken an der Wand darüber. Ivonne war zu müde, um sich zu bücken und die Schnürsenkel ihrer ausgelatschten Sneakers zu lösen. Deshalb schob sie sich diese einfach mit Hilfe ihrer großen Zehen von den Füßen und ließ sie achtlos mitten im Flur liegen. Ivonne atmete tief durch und schloss für einen Moment die Augen. Geschafft, jetzt hatte sie wieder vier Wochen Ruhe, bis das nächste gemeinsame Abendessen in ihrem Elternhaus anstand. Ivonne liebte ihre Eltern, ohne Frage, auch wenn sie nicht aufhörten, ihr Ratschläge zu erteilen, egal ob Ivonne diese hören wollte oder nicht. Und so hielten beide Seiten weiterhin an einem Ritual fest, dem Ivonne, wenn sie ehrlich zu sich war, lieber früher als später entrinnen würde. Ivonne hatte des Öfteren in Betracht gezogen, sich in eine andere Stadt versetzen zu lassen, doch letztendlich hatte sie sich dagegen entschieden. Sie spürte die Angst ihrer Eltern, dass sie sich vollständig aus den Augen verlieren würden, wäre nicht jeden ersten Freitag im Monat *Futtern bei Muttern* angesagt. Ausreden seitens Ivonne wurden nicht akzeptiert, Absagen nur gegen Vorlage eines ausgefüllten Totenscheins.

Der Abend war anstrengend gewesen, wie eigentlich jedes Mal. Frei Haus zum Essen gab es für Ivonne als kostenlose, jedoch ungewollte Beilage, kleine Sticheleien bezüglich ihres Kleidungsstils, verdeckte Vorwürfe gegen ihre Berufswahl und unverhohlene Neugier, was ihr Liebesleben anbelangte.

Ivonne hatte sich bereits abgewöhnt von männlichen Kollegen aus dem Morddezernat zu erzählen. Ihre Mutter würde spätestens beim nächsten Essen nachfragen, wie es denn mit Herrn Soundso liefe, und darauf hatte Ivonne absolut keine Lust. Zudem gab es von Ivonnes Seite im Moment überhaupt nichts zu berichten. Denn es lief nichts, rein gar nichts, und das war gut so! Ivonne stand derzeit nicht der Sinn nach einer festen Beziehung. Im Gegenteil! Sie liebte ihre Unabhängigkeit, die es ihr ermöglichte, das zu tun was sie wollte, wann immer ihr danach war. Ihre Mutter wurde es jedoch nicht leid, zu betonen, dass Ivonne schließlich nicht mehr die Jüngste sei. *Nicht mehr die Jüngste! So reden Ü-60 Frauen beim Seniorentreff,* dachte Ivonne genervt, *ich bin gerade mal dreiunddreißig!*

Sie warf einen kritischen Blick in den Flurspiegel. Wie immer hatte Ivonne ihr blondes schulterlanges Haar mit einem Haargummi zu einem einfachen Pferdeschwanz gebunden. Ihre schlanke Figur steckte in bequemen legeren Klamotten, die größtenteils aus den Secondhandläden der Stadt stammten. Ivonne besaß keine ausgeprägten weiblichen Rundungen, die es zu betonen galt. Als Teenager hatte sie dies bedauert, heute hatte sie sich damit abgefunden. Sie war nicht die Frau, nach der sich Männer reihenweise umdrehten, und einen Mr. Right hatte sie ebenfalls noch nicht gefunden.

Ivonne streckte ihrem Spiegelbild die Zunge raus. Sollte die biologische Uhr ruhig ticken, laut wie eine Kirchturmuhr, das war ihr egal. Sie würde sich nicht unter Druck setzen lassen, nicht von einer imaginären Uhr und bestimmt nicht von ihrer Mutter, deren Wunsch nach Enkelkindern um ein Vielfaches größer war, als ihr eigener Kinderwunsch.

Ivonne merkte, dass sie sich erneut aufregte, obwohl sie sich fest vorgenommen hatte, sich nicht mehr provozieren zu lassen. Innerlich noch immer aufgewühlt riss Ivonne die Kühlschranktür auf und pfefferte die mitgebrachten Plastikbehälter achtlos in die Fächer. Ihre Mutter hatte ihr, wie jedes Mal, eine ganze Armada von Frischhaltedosen mitgegeben, denn für sie kam das Wegwerfen von Essensresten einer Todsünde gleich.

»Es wäre doch zu schade um das gute Essen, und es ist noch genau die richtige Menge für eine Person.« Eigentlich eine nette Geste, verbal jedoch verpackt in einer letzten gemeinen Stichelei, ausgeteilt kurz vor dem obligatorischen Wangenküsschen beim Abschied und dem Zufallen der Haustür.

Ivonne schnappte sich eine kalte Flasche Bier aus der Kühlschranktür. Während der erste Schluck ihre Kehle hinabfloss, entspannte sie sich endlich. Nach Abenden wie diesen wünschte sich Ivonne, sie wäre kein Einzelkind. Nicht weil sie eine Schwester oder einen Bruder vermisste, sondern aus dem einfachen Grund, dass ihre Eltern dann jemand anderen mit ihrer Fürsorge nerven könnten. Sie hatten nur äußerst widerwillig Ivonnes Berufswunsch akzeptiert und machten keinen Hehl daraus, was sie davon hielten. Trotzdem hatte Ivonne sich um einen Studienplatz an der Hochschule der Polizei beworben, und war angenommen worden. Nach dem dreijährigen Bachelor-Studium, war sie zunächst ein Jahr im Streifendienst tätig gewesen, und anschließend für zwei Jahre in einer Einsatzhundertschaft. Danach war für Ivonne klar gewesen, dass sie nicht in den Streifendienst zurückkehren wollte. Ihr Ziel war es, als Ermittlerin in einem Kommissariat zu arbeiten.

Und dieser Traum hatte sich nun erfüllt. Trotzdem waren ihre Eltern nicht wirklich stolz auf sie. Das wären sie erst, wenn sie mit einem Verlobungsring an ihrem Finger und dem passenden Mann am Arm bei einem der nächsten Abendessen auftauchen würde.

Ivonne schlurfte auf Socken quer über den langen breiten Flur, der ihre Altbauwohnung mittig teilte. Rechts lagen Bad und Schlafzimmer, links Küche und Wohnzimmer. Die Decken waren, gemäß der Bauweise des frühen zwanzigsten Jahrhunderts, gut drei Meter hoch. Ein Stuckateur hatte an ihnen sein handwerkliches Geschick bewiesen. Und so war jede Zimmerdecke mit einer filigranen Borde und reichlich schmückenden Ornamenten versehen. Diese hatten Ivonne gleich bei der ersten Besichtigung der Wohnung extrem gut gefallen. Ihr Inventar hingegen passte überhaupt nicht zu diesem Stil, denn es war ein bunter, zusammengewürfelter Mix aus Möbelstücken der 70er Jahre, die sie meist bei Ebay erwarb oder auf ihren regelmäßigen Streifzügen über die Trödelmärkte der Region in den letzten Jahren ergattert hatte. Spätestens alle zwei Jahre strich Ivonne die Wände neu, jedes Mal in einer anderen Farbe. Neben Ivonne bewohnten noch vier weitere Parteien – allesamt Ehepaare im Rentenalter – diese ehrwürdige Stadtvilla im Süden der Stadt. Ivonne genoss die Ruhe und Geborgenheit, die dieses Haus und seine Bewohner ausstrahlten.

## Zweites Kapitel

Florian Häusler betrat den Flur seiner fünfundsechzig Quadratmeter großen Eigentumswohnung in der angesagten Neubausiedlung im Norden der Stadt. Er putzte die Sohlen seiner Schuhe ordentlich auf der Fußmatte ab, öffnete die Schnürsenkel und schob die Schuhe von den Fersen, bevor er sie in das freie Fach des Schuhschranks stellte. Seine Jacke zog er auf den Bügel und hängte diesen an die, von einer mannshohen Spiegelwand verdeckte, Garderobenstange. Vom schmalen kurzen Flur aus führten jeweils zwei Türen auf die rechte und die linke Seite der symmetrisch geschnittenen Wohnung. Die vorherrschenden Farben waren weiß, schwarz und Chrom. Weiße Wände, schwarze Möbel und chromfarbene Leuchten.

Bevor Florian sich umzog, stellte er seinen Rucksack auf einer der beiden ledernden Schwingstühle, die vor der erhöhten Theke seiner Wohnküche platziert waren, und leerte ihn. Im bequemen T-Shirt und Short schnippelte er anschließend alle Zutaten für seinen Smoothie klein, und warf sie in den Standmixer. Nach seinem täglichen Fitnessprogramm würde dieses Hightech Küchengerät das Ganze innerhalb weniger Sekunden in einen grünen, zähflüssigen Brei verwandeln. Frisch geduscht und nur noch mit einer Boxer Short bekleidet drückte Florian knapp eine Stunde später den Startknopf dieser Höllenmaschine, die sich daraufhin mit fünfundzwanzigtausend Umdrehungen in der Minute an die Arbeit machte.

Bewaffnet mit diesem flüssigen Abendessen machte Florian es sich auf dem Sofa bequem, und zappte durch die Auswahl von Filmen und Serien seines Netflix Abos. Keine zehn Minuten später stellte er den Fernseher wieder aus. Er spürte, dass sich keine Entspannung einstellen würde, solange er nicht die Ursache für die zwei bräunlichen Verfärbungen an dem Oberschenkel der Frauenleiche herausgefunden hatte, die er heute obduziert hatte. Und so ließ Häusler die Ereignisse des Tages vor seinem geistigen Auge nochmals wie einen Film ablaufen.

Eigentlich war es ein ganz normaler Freitag gewesen, und Florian hatte sich schon auf sein wohlverdientes Wochenende gefreut. Wenn alles gut lief, würde er heute eventuell sogar etwas früher Schluss machen können. Doch der Anruf seines Freundes Jonas, seines Zeichens Notarzt am Städtischen Klinikum, hatte Florians Pläne zunichte gemacht.

»Florian, ich bin´s Jonas, du musst mir aus einer Bredouille helfen ...«

Sein ehemaliger Studienkollege und WG Mitbewohner war heute früh zu einer leblos aufgefundenen Frau gerufen worden, um ihren Tod festzustellen und die Todesursache zu benennen. Doch kaum dass er am Tatort angekommen war und den Tod der Frau bestätigt hatte, wurden er und sein Team zu einem schweren Verkehrsunfall auf der Stadtautobahn abberufen. Es war absolute Eile geboten, denn das Retten von Leben hatte natürlich eine höhere Priorität, als die intensive Leichenschau einer Toten, der ohnehin nicht mehr geholfen werden konnte.

Schlussendlich fehlte Jonas aufgrund der zeitlichen Dringlichkeit des Rettungseinsatzes einfach die Zeit, die Krankenvorgeschichte der Person so gründlich zu ermitteln, dass er eine zweifelsfreie Todesursache bescheinigen könnte.

Doch gerade mit dieser Feststellung wurden entweder polizeiliche und staatsanwaltliche Ermittlungen in Gang gesetzt oder verhindert.

»Da ich überhaupt keine Zeit hatte, mir ein genaues Bild über die Tote zu machen, habe ich ungeklärte Todesart angekreuzt. Aber eigentlich möchte ich gar nicht den gesamten Polizeiapparat in Gang setzen, denn ich tippe auf Herzversagen. Daher meine Bitte an dich. Schaust du sie dir an?«

»In Ordnung«, versprach Florian, »ich kläre das mit dem Professor. Veranlasst du alles andere vor Ort?«

»Ist schon passiert. Der Polizeibeamte informiert den Bestatter und wird für den Leichentransport sorgen. Außerdem habe ich ihn gebeten, sich hier noch umzuschauen, den Hausarzt der Frau zu ermitteln und die Krankenakte anzufordern. Er wird anschließend bei dir vorbeikommen und dir alles Weitere berichten. Ich bin jetzt an der Unfallstelle und muss Schluss machen.«

Schon hatte Jonas das Gespräch beendet.

Grundsätzlich war Florians Hauptaufgabe als Facharzt für Pathologie am Städtischen Klinikum die Begutachtung von entnommenen Gewebeproben von lebenden Patienten. Zum Beispiel bei der Entfernung eines Tumors durch den Chirurgen untersuchte Häusler – meist noch während die OP lief – das entfernte Gewebe.

Die Ergebnisse dieser interoperativen Schnittuntersuchungen gaben dem behandelnden Arzt Auskunft darüber, ob er den gesamten erkrankten Bereich erfolgreich entfernt hatte oder noch weiteres Gewebe entnommen werden musste. Diese Gewebeprüfungen hatten höchste Priorität, und aufgrund des engen Zeitfensters, stand man als Pathologe mächtig unter Druck.

Zusätzlich zu dieser ersten Begutachtung, dem sogenannten Schnellschnitt, folgte später eine zweite intensivere Überprüfung der entnommen Proben, um absolut sicher zu gehen. Stimmten die Angehörigen zu, wurden am Institut auch verstorbene Patienten obduziert. Im vergangenen Jahr hatten insgesamt fünfunddreißig Autopsien stattgefunden, von denen Florian gut ein Drittel durchgeführt hatte.

Die Frauenleiche, die ihm der Notarzt angekündigt hatte, war gut zwei Stunden nach dessen Anruf eingetroffen. Florian hatte eine der Medizinisch Technischen Assistentinnen des Institutes gebeten, Röntgenbilder anzufertigen, die Tote anschließend mit dem Aufzug hinunter in den Sektionsraum zu bringen und dort für die Obduktion vorzubereiten. Währenddessen hatte er sich mit dem Polizeibeamten unterhalten und sich von ihm die näheren Umstände des Leichenfundes berichten, sowie Totenschein und die Krankenakte aushändigen lassen. Die 55-jährige Frau, war von ihrer Putzfrau am Morgen tot in der Wohnung aufgefunden worden. Die Leiche hatte zusammengesackt auf dem Stuhl am Esstisch gesessen, das Kinn tief auf die Brust gesunken.

Vor ihr auf dem Tisch hatte die aufgeschlagene Zeitung des Vortages gelegen, am Boden neben dem Stuhl eine Kaffeetasse, deren Henkel abgebrochen war. Der Inhalt der Tasse hatte sich einer breiten Lache auf dem beigen Teppich ausgebreitet und war bereits eingetrocknet. Die Totenflecken, die sich aufgrund des Stillstandes des Blutflusses nach Eintritt des Todes auf der Haut bildeten, waren vollständig ausgeprägt und konnten nur noch mit starkem Druck weggedrückt werden.

Die Totenstarre bildete sich bereits zurück, sodass der Zeitpunkt des Todes mindestens vierundzwanzig Stunden zurück lag. Laut dem Polizeibeamten, hatte es in der Wohnung der Frau keinerlei Hinweise auf Fremdeinwirkung gegeben. Ebenso fehlten Spuren, die auf ein gewaltsames Eindringen eines Täters hingewiesen hätten.

Nachdem der Beamte sich verabschiedet hatte, begab sich Florian in sein Büro und verschaffte sich mit seinem Passwort den entsprechenden Zugang, um sich die Röntgenbilder auf dem großen Bildschirm seines PCs anzuschauen. Dann überflog er die Krankenakte der Frau, die erfreulich dünn war und keinerlei Hinweise auf mögliche Vorerkrankungen oder eine Herzschwäche hinwiesen. Anschließend ging er hinunter in den Sektionssaal, um die Leichenschau vorzunehmen. Auf dem Weg dorthin passierte er den Umkleidebereich, in dem er sich Handschuhe anzog, eine türkisfarbene Plastikschürze umband und in seine Gummiclogs stieg.

Der Körper der Toten lag, das Genick auf der Kopfstütze, nackt auf der kalten Edelstahlplatte des Untersuchungstisches.

Die Kleidungsstücke der Frau waren einzeln in Plastikbeutel verpackt und sorgfältig verschlossen.

Häusler fielen zuallererst ihre gepflegten Hände und Füße auf. Die Frau musste regelmäßig zur Mani- und Pediküre gegangen sein. Die Fingernägel waren, ebenso wie die Fußnägel, in einem auffallenden Dunkelrot lackiert. Die Stellung der beiden großen Zehen wies die Frau als leidenschaftliche Highheels Trägerin aus, was sich ebenfalls in der ausgeprägten Wadenmuskulatur widerspiegelte.

Die Augenbrauen waren sorgfältig gezupft, die modische Kurzhaarfrisur erst kürzlich in Form geschnitten und die schlanken, leicht gebräunten Beine frisch epiliert. Alles in allem hatte Häusler eine Frau vor sich, die sehr auf ihr Äußeres geachtet und ihren Körper in Schuss gehalten hatte. Die Muskulatur von Bizeps und Trizeps an den Oberarmen war definiert und die Bauchdecke flach. Die Frau musste regelmäßig Sport betrieben haben. Kleine Fettpölsterchen an den Außenseiten der Oberschenkel ließen jedoch darauf schließen, dass sie nicht allzu streng mit sich gewesen war und nicht um jede Tüte Chips oder Tafel Schokolade einen Bogen gemacht hatte. Trotzdem war diese Frau definitiv keine Kandidatin für ein Herzversagen. Häusler stellte das Aufnahmegerät an und begann mit der äußeren Leichenschau. Sorgfältig betrachtete er dabei jeden Zentimeter des Körpers. Er scannte ihn quasi mit seinen Augen ab. Häusler wollte keine Auffälligkeit, keine Abnormität, und sei sie auch noch so klein, übersehen.

Er hatte die Untersuchung des Oberkörpers abgeschlossen und sich anschließend den unteren Extremitäten und dem Schambereich der Frau zugewandt.

Da die Tote auf einem Stuhl gesessen hatte, hatten sich auf der Rückseite der Oberschenkel die typischen dunkelblauvioletten Todesflecke ausgebildet.

Florian hatte gerade das rechte Bein zur Seite geschoben, um sich dessen Innenseite anzuschauen, als sein Blick an zwei kleinen, gleichförmig runden Punkten am linken Oberschenkel, etwa auf Höhe des Po Ansatzes, hängenblieb. Sie waren in der dunklen Umgebung des verfärbten Gewebes kaum auszumachen. Daher nahm er eine Lupe zur Hilfe und betrachtete die beiden Punkte genauer.

Es waren keine Muttermale, das sah Häusler auf den ersten Blick. Aber was waren sie dann? Vielleicht Blutergüsse? Dafür waren sie eigentlich zu klein. Bisswunden? Dafür fehlten die Wundränder und das Krustengewebe. Einstiche schloss Häusler aus demselben Grund aus. Er rief sich nochmals die Krankenakte in Erinnerung. Hatte er einen möglichen Eintrag überlesen? Nein, die beiden Punkte wurden nicht erwähnt. Häusler entschloss sich, Nahaufnahmen von ihnen zu machen.

Nach Beendigung der äußeren Leichenschau legte er eine kurze Pause ein. Er trank einen Schluck Wasser, um seine Stimme zu ölen, da er jeden Handgriff und jede Beobachtung, dem Diktiergerät detailliert mitteilte. Dann begann Häusler mit der Öffnung des Brustkorbs. Er nahm das Skalpell vom Tablett und setzte es kurz unterhalb des rechten Schlüsselbeines an. Vor dem ersten Schnitt hielt Häusler inne. Er betrachtete noch einmal das attraktive Gesicht der Frau, mit den hohen Wangenknochen und den vollen schön geschwungenen Lippen. Häusler wusste nichts über diese Frau, außer den Daten aus der Krankenakte und dem Totenschein.

Hatte sie ein glückliches, erfülltes Leben geführt? Hatte sie viel gelacht? War sie beliebt gewesen oder eher einsam? Während der Autopsie würde er ihr näher kommen, als irgendjemand sonst, aber würde er sie deshalb danach besser kennen? Häusler holte tief Luft und setzte erneut das Skalpell an.

Es gab mehrere Arten von Vorgehensweisen, mit denen das Gewebe über dem Brustkorb aufgeschnitten und die Rippen freigelegt werden konnten.

Der sogenannte Y-Schnitt, bei dem zwei Schnitte, von den beiden Schultergelenken schräg nach unten bis zum Ende des Brustbeins führten. Oder der T-Schnitt, bei dem sich eine horizontale Linie unterhalb der Schlüsselbeine mit einer vertikalen Linie, die am Brustbein nach unten führte verband. Ebenfalls üblich war ein einzelner Schnitt beginnend vom Kehlkopf bis hinunter ans Ende des Brustbeins. Häusler entschied sich für die erste Variante. So könnte die Frau in einem Kleid beerdigt werden, ohne dass die Wundnähte zu sehen wären.

Nachdem Florian die beiden Hautlappen zur Seite geklappt hatte, begann er die Rippen, eine nach der anderen, mit der Knochenschere zu durchtrennen. Anschließend hob er den gesamten Block aus Brustbein und Rippen, der an ein Dreieck erinnerte, heraus und legte die darunterliegenden Organe frei. Nacheinander entnahm Häusler die einzelnen Organe und legte sie behutsam in die bereit stehenden Edelstahlschalen. Alle entnommenen Organe wiesen dem Alter der Frau entsprechende Veränderungen auf, die allesamt aber nicht besorgniserregend oder gar als auffällig zu bezeichnen gewesen wären. Der Magen der Frau war leer, aber die Speiseröhre war leicht gereizt.

Sie musste sich kurz vor ihrem Tod übergeben haben. Das würde die Diagnose seines Freundes unterstützen, da heftige Übelkeit häufig der erste Vorbote eines bevorstehenden Herzinfarktes sein konnte. Hatte die Frau dieses Warnzeichen ignoriert? Wie viele in ihrem Alter, war wohl auch sie nicht auf den Gedanken gekommen, dass ein drohendes Herzversagen die Ursache für ihre Magenbeschwerden sein könnte.

Häusler stellte winzige Essensreste sicher, die sich am unteren Ende der Speiseröhre befanden. Danach setzte er die Obduktion fort. Wie er es erwartet hatte, wies das Herz eine etwas weichere Konsistenz auf und die Herzkammern waren ein wenig erweitert. Beides waren typische Hinweise auf ein Herzversagen. Wenn Häusler einen Schnitt durch das Gewebe führen würde, würde er mit Sicherheit auf Areale stoßen, die unterschiedlich mit Blut gefüllt wären. Vielleicht würde er sogar winzig kleine Einblutungen finden.

Häusler nahm sich Zeit und untersuchte jedes Organ in Ruhe. Er wog es und entnahm von jedem Gewebeproben. Nach knapp drei Stunden hatte er seine Aufgabe beendet und er stellte das Aufnahmegerät ab. Häusler legte die zuvor entnommenen Organe zurück in den Körper, setzte das Brustbein ein und nähte die Hautlappen wieder zusammen. Gerade bei diesem letzten Schritt nahm Häusler sich besonders viel Zeit, um dem Körper der toten Frau den Respekt zu zollen, der ihm seiner Meinung nach gebührte. Anschließend bedeckte er ihn mit einem dicken Baumwolltuch und brachte ihn in die Kühlraum. Häusler kreuzte natürliche Todesart auf dem Totenschein an und bestätigte Herzversagen als Todesursache. Nun war die Leiche zur Abholung durch das Bestattungsunternehmen frei.

Dies musste laut den Bestimmungen des Bundeslandes innerhalb von sechsunddreißig Stunden geschehen. Da es aber bereits später Nachmittag war, und das Institut am Wochenende geschlossen blieb, bedeutete das in diesem Fall frühestens Montagvormittag. So hatte es der Notarzt auch bereits mit dem Bestatter besprochen.

## *1990*

*Finde den Fehler wurde zum Synonym für die Misshandlungen, die ich durch meinen Vater erfuhr. Immer wieder stellte er mich vor unlösbare Aufgaben, wohlwissend, dass ich sie niemals würde erfüllen können. Er genoss es, mir vor Augen zu führen, für wie dumm er mich hielt, bis ich es selber glaubte.*

*Ich war ein perfektes Opfer, unfähig diesem Teufelskreis aus Angst und dem Ringen um seine Anerkennung und Liebe zu entkommen. Und meine Mutter? Sie schaute weg, sie hörte weg, sie sagte nichts. Jedes Mal.*

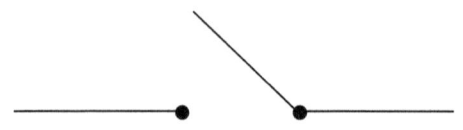

# Drittes Kapitel

Nein, er war nicht Hugh Grant und sie war definitiv nicht Julia Roberts. Es war auch kein Orangensaft, sondern ein cremiges, zuckersüßes Irgendetwas, das nicht mal mehr dem Namen nach an Kaffee erinnerte, das sich gerade aus einem XXL Pappbecher über die helle Bluse der jungen Frau verteilte und ihr ein wütendes »FUCK!« entlockte.

»Es tut mir leid, ich habe Sie gar nicht gesehen«, entschuldigte sich Häusler.

»Verdammt, und gerade heute habe ich auf den Deckel verzichtet.«

»Sehr lobenswert, spart Unmengen an Plastik«, meinte Florian unpassender Weise, da ihm so schnell nichts Besseres einfiel.

Der Blick, den ihm sein wütendes Gegenüber daraufhin zuwarf zeigte Häusler deutlich, dass ihr das Thema Müllvermeidung im Moment vollkommen egal war.

»Arbeiten Sie hier?«, fragte er, einfach nur, um irgendetwas zu sagen.

»Oh Gott, bewahre!«

Die Worte waren raus, bevor Ivonne nachgedacht hatte. Warum war sie auch gerade heute an einen dermaßen mundfaulen Kollegen geraten, der all ihre Fragen bezüglich zweier unaufgeklärter Todesfälle, die sie derzeit bearbeitete, völlig uninteressiert und genervt beantwortete. Sie hatte überhaupt nicht vor, dem Kollegen ans Bein zu pinkeln, sondern wollte nur die Aussagen aller Beteiligten nochmals abgleichen. Aber das schien dieser nicht zu kapieren. Zudem machte er sich nicht mal die Mühe, seinen Unmut über ihre intensive Befragung zu verbergen.

Dabei opferte Ivonne gerade ihren freien Samstag für weitere Recherchen, da sie die beiden Fälle um die zwei getöteten Frauen einfach nicht loslassen wollten.

In regelmäßigen, wiederkehrenden Rhythmen wurden alte unaufgeklärte Fälle, die sogenannten *Cold Cases*, den Ermittlern der Morddezernate zugeteilt, damit sie diese nochmals überprüften und mithilfe immer neuerer und besserer Verfahren und Vergleichsmöglichkeiten vielleicht doch noch lösen könnten. Denn Mord war und blieb nun mal ein Kapitalverbrechen das niemals verjährte.

Ivonne hatte nur kurzzeitig die Polizeiwache verlassen, um ihre schlechte Laune über die fehlende Bereitschaft seitens des Beamten zur Mitarbeit mit einem extra großen Latte Macchiato aufzubessern. Bei ihrer Rückkehr zum Revier war es direkt vor der Eingangspforte zum Zusammenstoß gekommen, und deshalb befand sich ihr Lieblingsgetränk nun größtenteils auf ihrer Bluse.

»Aber Sie gehören zu dem Verein?«, hörte Ivonne den jungen Mann fragen.

»Sie sind ziemlich neugierig Herr …?«

»Häusler, Florian Häusler. Und nochmal, es tut mir leid, ich war abgelenkt. Ich hatte es gerade mit einem äußerst ignoranten Beamten zu tun, und …«

Florian stockte. *Das kenne ich*, dachte Ivonne, doch diesmal hatte sie ihre Zunge besser im Zaum und behielt ihre Meinung für sich.

»Ich meine …«, stotterte Häusler.

»Kein Panik, das fällt nicht unter Beamtenbeleidigung«, meinte Ivonne.

»Das beruhigt mich«, meinte Florian erleichtert.

»Aber zurück zu meinem Missgeschick. Ich übernehme natürlich die Kosten für die Reinigung.«

Florian fasste sich an die Hosentasche, um sein Portemonnaie herauszuholen. Das würde den Wert der Bluse, die Ivonne bereits vor Jahren in einem Secondhand Laden gekauft hatte bei weitem übersteigen und deshalb winkte sie ab.

»Nein, nicht nötig. Ist schon okay.«
»Wirklich?«
»Wirklich.«
Es entstand eine peinliche Pause.
»Ich muss dann mal wieder rein.«
»Oh, natürlich.«
Florian steckte das Portemonnaie wieder ein.
»Dann ... äh, man sieht sich.«

»Mann, Mann, Mann, die Leute schauen einfach zu viele Krimis, und dann vermuten sie immer gleich einen Mord hinter jeder aufgefundenen Toten!«

Der Polizeibeamte schüttelte den Kopf und ließ sich auf seinen Bürostuhl fallen.

»Wie meinen Sie das?«, fragte Ivonne, die gerade die Wache zum zweiten Mal an diesem Morgen betrat und aufgrund der Aussage des Polizeibeamten hellhörig wurde.

»Ach, eben war ein Arzt vom Klinikum da und wollte einen Kommissar sprechen. Ich habe ihm erstmal erklärt, dass ...«

»Warum?«, unterbrach Ivonne ihn brüsk.

»Er meinte, er wäre bei einer Leichenschau eventuell auf eine Auffälligkeit gestoßen.«

»Worauf genau?«, wollte Ivonne wissen und hatte das Gefühl, sie müsste ihrem Gegenüber jede Information einzeln aus der Nase ziehen.

»Er sprach von winzigen, bräunlichen Hautveränderungen unbekannter Herkunft, die vielleicht ein Hinweis sein könnten, blablabla…«

Der Beamte winkte ab.

»Mann, der hat so um den heißen Brei herumgeredet. Ich vermute, er wollte sich nur wichtigmachen, so à la Karl-Friedrich Boerne aus dem Münsteraner Tatort.«

Der Beamte lachte.

»Wo ist dieser Mann jetzt?«, schnitt ihm Ivonne erneut das Wort ab.

»Der ist gerade gegangen. Er müsste ihnen eigentlich entgegen gekommen sein.«

*Man sieht sich. Etwas Blöderes ist dir wohl nicht eingefallen, was?* Florian klatschte sich mit der flachen Hand gegen die Stirn. *Mann, da läuft dir quasi eine Traumfrau direkt in die Arme und du? Und Sie? Das wäre die einfachste und logischste Rückfrage gewesen, als sie nach seinem Namen gefragt hatte.* Aber nicht einmal das hatte er auf die Reihe bekommen. Ganz zu schweigen davon, dass er sie nicht mal zur Entschädigung auf einen Kaffee eingeladen hatte, und zwar auf einen richtigen. Einen Kaffee, der diese Bezeichnung auch verdiente. Er hatte es auf ganzer Linie verbockt! Die letzten zwölf Jahre hatte er sich fast ausschließlich auf sein Studium und die anschließende Facharztausbildung konzentriert. Während andere Party gemacht hatten, hatte er meistens hinter und nicht vor der Theke gestanden, da er sich das notwendige Geld für sein Studium dazu verdienen musste. Nun, mit Anfang dreißig hatte er es geschafft.

Er hatte eine Anstellung als Pathologe am Städtischen Klinikum und war seit zwei Monaten stolzer Besitzer einer kleinen Eigentumswohnung. Doch die meisten seiner früheren Freunde waren bereits in einer festen Beziehung, verheiratet oder sogar stolze Eltern von kleinen Hosenscheißern. Nun drehten sich die Unterhaltungen nur noch über die Schwierigkeiten, einen geeigneten Kita Platz zu bekommen oder welche Windelmarke die ökonomisch unbedenklichste ist.

Und was machte er? Er vertrödelte seinen freien Samstagvormittag auf einem Polizeipräsidium! Florian schüttelte den Kopf. Doch er hatte nicht anders gekonnt. Ihm waren die beiden braunen Wundmale am Oberschenkel der Frauenleiche, die er am Vortag obduziert hatte, nicht aus dem Kopf gegangen. Sollte er seine Beobachtungen nicht besser der Polizei melden?

Was, wenn es doch keine natürliche Todesursache gewesen ist? War er dann nicht verpflichtet, jeden Hinweis zu melden? Doch als Florian eben vor dem Beamten gestanden hatte, war er sich seiner Sache plötzlich nicht mehr so sicher gewesen. Er versuchte sich zu erinnern, wie oft er dem Beamten gegenüber die Wörter *vielleicht* und *eventuell* benutzt hatte. Wäre er an dessen Stelle gewesen, er hätte wahrscheinlich genauso skeptisch reagiert. Florian hatte sich deshalb vorgenommen, sich die Leiche zusammen mit seinem Vorgesetzten am Montagmorgen nochmals anzuschauen. Florian wollte absolut sicher sein, bevor er erneut auf der Polizeiwache die Pferde scheu machte und den Unmut der Beamten auf sich zog.

*Verdammt,* dachte Ivonne, *wie war der Name noch? Hauser oder Häuser? Nein Häusler, Florian Häusler.* Da war sie sich sicher, dachte sie belustigt, denn er hatte sich vorgestellt wie James Bond in seinen Filmen. Dabei fiel ihr auf, dass er sich gar nicht nach ihrem Namen erkundigt hatte. Ihre Begegnung hatte wohl keinen entsprechenden Eindruck bei dem jungen Mann hinterlassen. Egal jetzt, sie musste schnellstmöglich seine Telefonnummer herausfinden.

Florians Smartphone klingelte. Er schaute aufs Display, doch die Nummer, die dort erschien, sagte ihm nichts.
»Häusler.«
»Holtkämper. Wir sind uns gerade eben vor der Polizeiwache über den Weg gelaufen.«
»Der XXL Latte«, rutschte es Florian raus.
*Super gemacht, Florian,* schimpfte er mit sich selbst und biss sich auf die Unterlippe, *zum zweiten Mal verbockt.*
»Richtig«, bestätigte seine Gesprächspartnerin trocken, »ich muss unbedingt mit Ihnen reden, am besten sofort. Es geht um die Entdeckung, die Sie bei der Obduktion der Frauenleiche gemacht haben.«


»Zwei Fälle in den letzten drei Jahren?«, fragte Häusler und Ivonne nickte.

Sie saßen in einem Café direkt am Fenster und tranken ordentlichen, durch einen Filter aufgebrühten Kaffee aus Porzellantassen, zu dem Florian Ivonne als Wiedergutmachung eingeladen hatte.

»Beides mal Frauen, Anfang bis Mitte fünfzig, alleinstehend, selbständig, ungebunden, eigene Eigentumswohnung, beziehungsweise Haus, kaum Freunde, wenig soziale Kontakte. Beide Opfer wurden tot in ihren Wohnungen aufgefunden, Todesursache laut Notarzt Herzversagen«, zählte Ivonne auf.

»Und an beiden Körpern wurden braune Hautauffälligkeiten festgestellt?«, fragte Häusler und die Ermittlerin nickte erneut.

»Bei beiden Fällen gab die Spurenlage am Tatort zwar keinerlei Hinweise auf Fremdeinwirkung, doch bei der Leichenschau wurden die Flecken festgestellt und deswegen wurden die Ermittlungen aufgenommen.«

»Kannten sich die beiden Opfer?«

»Soweit wir wissen nicht.«

»Gab es irgendwelche Gemeinsamkeiten, außer denen, die Sie eben aufgezählt haben?«, fragte Häusler.

Ivonne verneinte.

»Das ist es ja. Bis jetzt fehlen jegliche Parallelen. Es gibt nichts, was die beiden Frauen in irgendeiner Weise verbindet. Trotzdem bin ich fest davon überzeugt, dass die Fälle miteinander zu tun haben.«

»Und nun glauben Sie, dass die Frau, die gestern tot aufgefunden wurde, das dritte Opfer sein könnte?«

»Ich befürchte ja, denn vieles spricht dafür. Aber um absolut sicher zu sein, möchte ich die Tote unbedingt sehen. Ginge das?«

»Natürlich«, sagte Häusler, »noch ist sie im Institut.«

»Und da können wir auch am Wochenende rein?«

»Mit meiner Zugangskarte jederzeit.«

# Viertes Kapitel

Das Pathologische Institut war ein dreistöckiges Gebäude aus dem Jahre 1913 und lag etwas versteckt hinter dem großen Block des Städtischen Klinikums. Die Gummisohlen ihrer Schuhe quietschten auf den grauen Linoleumboden, als sie durch die Eingangstür den Flur entlang zum Sektionssaal im hinteren Teil des Gebäudes gingen. Die hohen Wände waren weiß, nur gelegentlich von hellgelben Blockstreifen unterbrochen.

»Wir renovieren gerade ein wenig«, merkte Häusler an und wies auf das ein oder andere leere Büro links und rechts des Flurs. Sie mussten eine Treppe nach unten gehen, um am Archiv vorbei zum Sektionssaal zu gelangen. Florian schob die schwere Schiebetür zur Seite und schaltete das Licht an. Er konnte sich nie merken, welcher der drei Schalter der richtige war, deswegen brauchte er zwei Anläufe, bis der, bis zur Zimmerdecke weiß gefliese, fensterlose Raum im Licht der Neonröhren erstrahlte. Der Raum war kühl, aber nicht unangenehm kalt und, entgegen Ivonnes Befürchtungen, vollkommen geruchslos. Alle Schränke, Regale, Waschbecken und Ablagen waren aus Edelstahl, ebenso wie die drei Sektionstische, die Häusler und seinen Kollegen zur Verfügung standen. Alle benötigten Instrumente lagen desinfiziert und einsatzbereit auf einer Ablage am Fußende des Tisches bereit.

»Jeder Arzt hat seine Vorlieben für gewisse Instrumente«, erklärte Häusler. »Der eine schwört auf das Skalpell, der andere bevorzugt ein Messer.«

»Und die Suppenkelle?«, fragte Ivonne irritiert. »Hat der Kantinenchef die hier aus Versehen vergessen?«

Häusler grinste.

»Könnte man meinen«, sagte er, »aber sie dient bei Bedarf tatsächlich der Messung der Menge von Körperflüssigkeiten. Warten Sie hier, ich hole die Tote.«

Ivonne nickte und schaute sich um. Natürlich hatte sie in ihrer Laufbahn schon diverse Male einen Sektionssaal von innen gesehen. Und natürlich hatte sie bereits des Öfteren einer Obduktion beigewohnt, die sie alle, bis auf die erste, überstanden hatte, ohne den Raum fluchtartig verlassen zu müssen. Während es im Rechtsmedizinischen Institut meistens recht hektisch und laut zuging, strahlte dieser kleine Raum wohltuende Ruhe aus, was natürlich auch daran lag, dass das Institut geschlossen war.

»Da, schauen Sie«, sagte Häusler, nachdem er das grüne Tuch von der Leiche genommen und das rechte Bein vorsichtig zur Seite gezogen hatte. Ivonne beugte sich vor und betastete die Stelle am linken Oberschenkel auf die Florian gezeigt hatte.

»Genau wie bei den anderen Opfern«, bestätigte sie und zückte ihr Smartphone. Ivonne fotografierte die Stelle und schob anschließend das Handy wieder in ihre Hosentasche.

»Die beiden Punkte liegen circa ein bis zwei Zentimeter auseinander.«

Häusler reichte ihr die metallene Messlatte.

»Ein *ungefähr* gibt es bei uns in der Pathologie nicht«, sagte er und grinste.

So akribisch wie Häusler am Tag zuvor, untersuchten sie gemeinsam nochmals den gesamten Körper der Frau auf Spuren weiterer möglicher Fremdeinwirkungen. Sie suchten in Hautfalten oder auf der Kopfhaut nach versteckten Einstichen, unerklärlichen Hautverfärbungen oder sonstigen Veränderungen.

Doch bis auf die zwei braunen Wundmale stießen sie auf keine zusätzlichen Hautveränderungen.

»Ist Ihnen sonst noch irgendetwas aufgefallen?«, fragte die Ermittlerin ihn schließlich, doch Häusler schüttelte den Kopf.

»Ihr Magen war leer«, sagte er, »was ich ungewöhnlich fand. Ich gehe davon aus, dass sie sich vor ihrem Tod übergeben musste. Ich habe winzige Essensreste sichergestellt.«

Florian wollte gerade das grüne Tuch wieder über den Körper der Frau legen, als er innehielt und die Ermittlerin beobachtete. Sie stand ihm gegenüber auf der anderen Seite des Seziertisches und betrachtete das Gesicht der Toten. Ihre Hand lag auf deren Unterarm. Florian war sich bewusst, dass sie in den letzten sechzig Minuten nichts anderes getan hatten, als sich diesen Körper sehr intensiv anzuschauen. Ivonne hatte keinerlei Scheu an den Tag gelegt, die Leiche zu berühren oder ihre intimsten Stellen aus nächster Nähe zu betrachten. Nun schien es ihm, als wolle sie sich dafür bei dem Opfer entschuldigen. In diesem Moment fuhr Ivonne mit ihren Fingern sacht über die Naht, mit der er die Hautlappen nach der inneren Leichenschau wieder verschlossen hatte.

»Sie haben sich sehr viel Mühe gegeben. Das habe ich schon oft viel ... unschöner gesehen.«

»Das hat mit Respekt gegenüber den Verstorbenen zu tun«, antwortete Florian.

»Sie meinen, der Körper ist mehr als nur eine Hülle, auch wenn er kein Leben mehr enthält?«

»So in etwa.«

»Wann sagten Sie, soll die Leiche abgeholt werden?«

»Frühestens Montagmorgen«, sagte Florian.

»Dann bleibt uns noch der Rest des Wochenendes, um herauszufinden, ob diese Frau Opfer Nummer drei ist.«

*Sie hat uns gesagt*, dachte Florian und freute sich auf den Abend. Es ist kein Date, bremste ihn sein Verstand. *Trotzdem*, sagte er sich und ließ diesen, wenn auch berechtigen Einwand nicht gelten. Er würde Florians Freude nicht schmälern. Die Kommissarin hätte sich auch einfach bedanken und verabschieden können, und damit wäre die Sache dann sicherlich erledigt gewesen. Aber sie hatte ihn eingeladen, um mit ihm über die beiden alten Fälle zu sprechen. Sie würde ihm ihre bisherigen Ergebnisse zeigen und – wer weiß – vielleicht würde er ihr sogar helfen können.

*Warum habe ich uns gesagt?*, fragte sich Ivonne und schüttelte den Kopf. Bei laufenden Ermittlungen war sie eine absolute Teamplayerin. Den einsamen starken Wolf, der die Fälle im Alleingang erledigte, gab es nur im Fernsehen. Ein Ermittlungserfolg, wenn er sich überhaupt einstellte, beruhte auf unzähligen Einzelergebnissen, die, wenn alles gut ging, das Team schließlich zum Täter führte. Die alten Fällen, die ihr ihr Vorgesetzter von Zeit zu Zeit auf den Schreibtisch legte, bearbeitete sie jedoch normalerweise allein. Nur so konnte sie sich am besten konzentrieren, fokussieren und alles andere störende ausblenden. Aber eben war sie von dieser Vorgehensweise abgewichen und hatte den Pathologen, ohne lang zu überlegen, gefragt, ob er nicht Lust hätte, einen Blick auf die Unterlagen der beiden *Cold Cases* zu werfen und er hatte begeistert zugestimmt.

## *1992*

*Ich weiß, ich hätte nicht aufstehen sollen. Und ich hätte nicht nachsehen dürfen. Das Schlafzimmer meiner Eltern war für mich tabu. Brach ich die Regeln, die mein Vater aufgestellt hatte, ließ er mich seine Enttäuschung darüber schmerzhaft spüren. Aber die Geräusche, die sogar durch die geschlossene Tür bis auf den Flur drangen, machten mir Angst, und ich setzte mich über das Verbot hinweg. Die Stimme meines Vaters klang wie das tiefe Grunzen eines Wildschweines. Dazwischen hörte ich immer wieder mühsam unterdrückte Schmerzensschreie meiner Mutter. Ich schob meine Angst vor einer Bestrafung beiseite und öffnete die Tür einen winzigen Spalt breit. Was mich noch mehr verstörte als der Anblick meines Vaters, der immer wieder hart mit seinem Becken gegen das Gesäß meiner Mutter stieß, waren die beiden Metalldrähte, die an ihren Brüsten angebracht waren und ihre verkrampften Finger, mit denen sie sich im Bettlaken festkrallte.*

## Fünftes Kapitel

Ivonne hatte als Treffpunkt ein italienisches Restaurant in der Stadtmitte vorgeschlagen.

»Hallo«, sagte Florian, als er sie in der hintersten Ecke entdeckt hatte und strubbelte sich schnell durch seine kurzen braunen Haare, die sein Fahrradhelm platt gedrückt hatte. Ivonne hob den Kopf und lächelte.

»Ah, da Sie sind ja. Warten Sie, ich mache Ihnen Platz.« Ivonne hatte sich an einem großen Sechsertisch breit gemacht. Vor ihr stand ein aufgeklappter Laptop, mehrere Pappschnellhefter lagen links und rechts davon. Eine leere Flasche Wasser und eine große Tasse Kaffee zeugten davon, dass sie wohl schon seit geraumer Zeit hier saß. Sie trug noch immer dieselben Klamotten wie am Nachmittag. Florian war es beinahe peinlich. Fast eine Stunde hatte er im Bad und vor dem Kleiderschrank verbracht, um sich letztendlich für eine Bluejeans und ein einfaches Freizeithemd zu entscheiden. Er rückte sich gerade einen Stuhl zurecht, als der Kellner vorbeischaute und ihn ansprach.

»Scusi!?«

»Ist schon gut, Paolo«, sagte Ivonne, »er gehört zu mir.«

»Bene«, erwiderte Paolo und verbeugte sich knapp.

Dann schaute er Florian mit fragendem Blick an.

»Äh, ja einen Espresso bitte.«

»Ah«, ließ sich Paolo vernehmen, »eine Mann nach meine Gesmack.«

Damit war er verschwunden und Florian setzte sich an den Tisch.

»Sie haben einen italienischen Wachhund. Nicht schlecht«, meinte Florian, während er es sich bequem machte.

Sein Gegenüber lächelte und zuckte unschuldig mit den Schultern.

»Ich habe die Gelegenheit genutzt, mir die Wohnung der Toten anzuschauen und habe reichlich Fotos geschossen. Auch mit dem Polizisten, der gestern vor Ort gewesen ist, habe ich sprechen können. Jetzt bin ich gerade dabei, Gemeinsamkeiten zu den beiden anderen Fällen zu suchen.«

Paolo brachte den Espresso und nahm ihre Bestellung auf.

»Wie kommen Sie ...«

»Ivonne.«

»Bitte?«

»Sollen wir uns nicht duzen?«, schlug Ivonne in diesem Moment vor. »Dieses ständige *Gesieze* ist auf die Dauer ganz schön anstrengend, findest du nicht auch?«

»Klar gern.«

»Also, was wolltest du mich fragen?«

»Bist du eine spezielle Ermittlerin für alte Fälle, so wie im Fernsehen in der Serie *Cold Cases*?«, fragte er und Ivonne schüttelte den Kopf.

»Nein, nicht ganz so, aber es ist durchaus Usus, in regelmäßigen Turnus ungeklärte Fälle erneut von Ermittlern der zuständigen Morddezernate bearbeiten zu lassen.«

»Falls der ermittelnde Beamte Fehler gemacht hat?«

»Nein, darum geht es gar nicht«, widersprach Ivonne und musste an das Gespräch im Polizeipräsidium denken.

»Unser Augenmerk liegt viel mehr auf der Abstimmung der gemachten Aussagen. Wir überprüfen sie auf Schlüssigkeit, um mögliche Ungereimtheiten aufzuspüren.«

Ivonne lehnte sich zurück und strich sich über die Stirn.

»Natürlich passieren auch Ermittlungsfehler«, gab sie zu, »nobody is perfect. Der Zeitdruck ist immens, nicht immer klappt die Kommunikation aller beteiligten Stellen einwandfrei, es gibt Kompetenzgerangel und die Staatsanwaltschaft drängt auf Ergebnisse. Last but not least entwickeln sich die Technologien, die uns bei unserer Ermittlungsarbeit unterstützen, ständig weiter. Die Rechtsmedizin, mit der wir sehr eng zusammenarbeiten, hat in den letzten Jahrzehnten erstaunliche Fortschritte gemacht. Die Digitalisierung hat dazu geführt, dass die Unmengen von Daten, die seit jeher analog erfasst wurden, nun in speziellen Datenbanken zur Verfügung stehen. Mittels komplexer Algorithmen können Übereinstimmungen entdeckt, sowie Zusammenhänge und Häufungen gleicher Tathergänge oder Muster aufgespürt werden, auf die man sonst vielleicht nicht stoßen würde.«

»Wäre zu schön, wenn es am Ende *Pling* machen würde und ein Täter dabei heraus spränge«, meinte Florian, der Ivonne fasziniert zugehört hatte. Sie lachte.

»Ja, manchmal wünschte ich mir das«, bestätigte sie und zuckte die Schultern. »Aber leider, leider funktioniert es so nicht.«

Paolo brachte die beiden Pizzen, die er bereits, wie in Italien üblich, in schmale Achtelstücke geschnitten hatte.

»Buon Appetito.«

»Grazie Paolo«, sagte Ivonne und stürzte sich heißhungrig auf das erste Stück.

»Na denn Mahlzeit«, meinte Florian und machte sich ebenfalls ans Essen. Die nächsten Minuten verbrachten sie schweigend. Florian beobachtete amüsiert, dass Ivonne mit geschlossenen Augen aß.

»Sagt man nicht, das Auge isst mit?«, fragte er zwischen zwei Bissen.

»Bei einer Pizza?«, stellte Ivonne ihm eine Gegenfrage.
»Auch wieder wahr«, bestätigte er.
»Das gehört zu einem Spiel zwischen Paolos Koch und mir«, ließ ihn Ivonne wissen.
»Aha.«
»Ja. Er fügt der Tomatensoße immer eine unbekannte Zutat hinzu und ich muss sie erraten, beziehungsweise *erschmecken*.«
»Und, bist du gut darin?«
Ivonne hob die Hand und drehte sie leicht nach rechts und links, was wohl bedeuten sollte, so lala.
»Manchmal schaffe ich es, aber meistens gewinnt er.«
»Darf ich es mal probieren?«
»Nur zu, bedien´ dich.«
Florian nahm sich ein Stück von Ivonnes Pizza, pickte zunächst die Beilagen herunter und konzentrierte sich dann auf die Soße. Auch er ließ sich Zeit und schloss die Augen. Okay, Tomate, Paprika, Zwiebeln, Oregano, Basilikum, das übliche halt. Hm, was noch? Ein Hauch Knoblauch klar, aber da war noch etwas, irgendetwas Fruchtiges. Florian tippte auf Mango.
»Bravissimo! Gehte Pizza aufs Haus!«, verkündete der Restaurantbesitzer, nachdem Ivonne ihm Florians Vermutung als ihre Lösung präsentiert hatte.
»Paolo, du weißt doch, das darf ich nicht annehmen«, sagte Ivonne und zuckte mit den Schultern.
»Mamma mia! Ihr Deutsche, seid immer so korrekte.« Paolo verdrehte theatralisch die Augen. »Dann wenigstens eine schöne Grappa, Ramazotti, Espresso.«
»Na schön, dann zwei Espressi.«
Kopfschüttelnd verließ Paolo den Tisch und ließ zwei lachende Gäste zurück.

»Ich wette, der spricht in seiner Freizeit den breitesten Ruhrpottslang und zieht diese Italoshow nur vor seinen Gästen ab«, meinte Florian.

»Wer weiß«, erwiderte Ivonne geheimnisvoll. »Jedenfalls hat er ein riesengroßes Herz. Hast du das erst einmal erobert gehörst du praktisch zur Familie.«

*Ein schöner Gedanke*, dachte Florian, *Mitglied einer Familie zu sein.* Er hatte seine leiblichen Eltern nie kennengelernt. Mit seinen Adoptiveltern jedoch hatte er verdammtes Glück gehabt. Sie hätten ihn nicht mehr lieben können, wenn er ihr leiblicher Sohn gewesen wäre. Zunächst hatten sie ihn als Pflegeeltern bei sich aufgenommen, da er anonym in einer Babyklappe abgegeben worden war. Diese Vorgehensweise ermöglicht es der Mutter, sich zu einem späteren Zeitpunkt zu melden, falls sie ihre Meinung geändert und sich doch für das Kind entschieden hat. Doch niemand hatte sich jemals gemeldet und ihn zurückverlangt.

»Florian?«

»Hm?«

»Es war ein langer Tag. Sollen wir für heute Schluss und morgen weitermachen?«

»Äh, nein, ich meine, wie spät ist es denn?«

»Halb zehn.«

»Also, von mir aus können wir noch weitermachen«, schlug er vor.

»Sobald Paolo mit dem Koffeinnachschub zurückkommt geht´s los.«

Die nächste Stunde vertiefte sich Florian in die Akten der beiden alten Fälle, während sich Ivonne mit dem neuen vertraut machte.

Florian war verwundert, dass Ivonne die Akten mit aus dem Kommissariat nehmen durfte und erkundigte sich danach.

»Uns Ermittlern obliegt natürlich eine absolute Sorgfaltspflicht. Die Unterlagen, die du hier siehst sind zwar nur Kopien, trotzdem lasse ich sie niemals unbeaufsichtigt. Zuhause schließe ich sie zusammen mit meiner Dienstmarke und meiner Waffe im Tresor ein.«

»Du hast extra einen Safe dafür?«

»Ja, das ist Pflicht, wenn man die Waffe mit nach Hause nimmt. Ich habe einen kleinen Wandtresor. Da ist praktisch. Nicht nur für die Waffe. Ich bewahre auch alle wichtigen Dokumente darin auf. Reisepass, Geburtsurkunde, Patientenverfügung, Testament…«

»Du … du hast schon ein Testament?«

»Du nicht?«, fragte Ivonne und Florian schüttelte den Kopf.

Wenn er ehrlich war, hatte er sich darüber noch nie Gedanken gemacht, warum auch? Seit dem Tod seiner Adoptiveltern vor einigen Jahren war er allein. Wenn er starb, müsste niemand informiert werden. Niemand würde um ihn trauern. Er wäre dann einfach weg. Natürlich besaß Florian einen Organspende Ausweis und hatte festgelegt, welche Organe er zu spenden gedachte. Ebenso spielte Florian mit dem Gedanken, seinen Körper der Wissenschaft zu vermachen. Aber eine letztendliche Entscheidung hatte er bis jetzt noch nicht getroffen.

Florian schüttelte den Kopf und vertrieb so alle Gedanken, die ihn im Moment zu sehr ablenkten. Nun galt es sich auf die Sache zu konzentrieren. Zunächst stellte er fest, dass die beiden anderen Frauen, die getötet worden waren, sich überhaupt nicht ähnlich sahen.

Sie waren beide attraktiv, ohne Frage, aber die eine hatte braune lange Haare, die andere einen blonden Kurzhaarschnitt. Die eine trug ein auffälliges Makeup und teuren Schmuck, während die andere eher ein natürlicher Typ war. Sie beide waren jedoch ledig, lebten allein und hatten keine Kinder. Sie waren berufstätig und finanziell unabhängig gewesen. Ihre Wohnorte lagen fast sechzig Kilometer auseinander und es gab keinerlei Hinweise, dass sie sich gekannt hatten. Beide Krankenakten wiesen sie als gesunde Frauen aus, mit keinerlei Hinweisen auf Vorschädigungen des Herz- und Kreislaufsystems.

Die beiden Obduktionsberichte der Rechtsmediziner las Florian deswegen mit besonderem Interesse. Als Todesursache war beide Male Herzrhythmusstörungen mit anschließendem Herzversagen aufgrund eines Stromschlages angegeben. Es gab keine Auffälligkeiten an den anderen Organen, bis auf die Veränderungen am Herzen, die auch er bei der Autopsie der Frau festgestellt hatte. In beiden Berichten wurden die braunen Hautveränderungen an den Oberschenkeln eindeutig als Spuren einer Elektroschockpistole, also eines Tasers identifiziert. Diese Punkte muss der Täter mit Bedacht gewählt haben. Zum einen legte der Strom damit einen sehr langen Weg durch den Körper zurück und fügte diesem auf diese Weise den stärksten Schaden zu. Zum anderen waren die Punkte inmitten der Todesflecke kaum auszumachen gewesen. Der Täter baute darauf, dass diese bei der Leichenschau unentdeckt bleiben würden. Florian legte die Berichte an die Seite und rieb sich die Schläfen.

»Wurden nie DNA Spuren an den Opfern gefunden?«

»Leider nein. Nicht an den Opfern, nicht an der Kleidung, nicht in der Wohnung … wir haben nichts.«

Ivonne klang resigniert, und das konnte Florian ihr absolut nachfühlen. Es war die Suche nach der berühmten Nadel im Heuhaufen. Was fehlte, war eine winzige Hautschuppe, ein Haar, irgendetwas, das sie auf die Spur des Täters bringen würde.

»Aber ihr seid euch sicher, dass sich Opfer und Täter kannten?«, fragte Florian, was ihm Ivonne bestätigte.

»Ob es eine längere oder sogar intime Beziehung zwischen ihnen gab, können wir nicht sagen, aber es musste zumindest so viel Vertrautheit zwischen ihnen geherrscht haben, dass ihm der Zutritt in die Wohnung gewährt wurde. Es wurden keinerlei Spuren eines mutwilligen Eindringens oder eines Einbruchs entdeckt. Auch den Nachbarn ist nichts aufgefallen. Kein Streit, keine Hinweise auf häusliche Gewalt.«

»Dann muss die Antwort hier drin liegen«, meinte Florian und vertiefte sich wieder in die Akten.

»Es reicht für heute«, meinte Ivonne eine halbe Stunde später, »mir brennen schon die Augen vom ständigen Starren auf den Bildschirm.«

Sie dehnte ihren Rücken und kreiste ein paar Mal ihre verspannten Schultern.

»Und wenn ich noch einen Espresso trinke bekomme ich Herzrasen und mache die ganze Nacht kein Auge zu. Wir sollten Schluss machen.«

Mit diesen Worten fuhr sie den Laptop herunter und steckte ihn in ihre Umhängetasche.

»Also, ich wäre bereit, auch meinen Sonntag zu opfern«, begann Florian, nachdem sie das Restaurant nach herzlicher Umarmung von Paolo (Florian und Ivonne), Wangenküsschen rechts und links (nur Ivonne) und einem fröhlichen »Arrivederci« verlassen hatten.

»Vielleicht bei einem späten Frühstück bei mir?«, bot er an und hoffte, Ivonne würde zusagen.

»Oder, wenn es dir lieber ist ...«

»Frühstück hört sich prima an«, antwortete sie zu seiner Erleichterung. »Adresse, Uhrzeit?«

»Lindenstraße 15, zehn Uhr?«

»Um zehn?«

»Besser elf?«

»Definitiv besser.«

»In Ordnung, dann bis morgen.«

## *1994*

*Die Szenerie, die sich mir vor mittlerweile zwei Jahren im Schlafzimmer meiner Eltern geboten hatte, hatte mich nie mehr losgelassen.* Das Bild hatte sich unauslöschlich in meinem Gedächtnis eingebrannt. Mehr noch. Jedes Mal wenn ich mich zu einem Mädchen hingezogen fühlte, tauchte es wieder vor meinem geistigen Auge auf. Es ekelte und faszinierte mich gleichermaßen.

Neugierig beobachtete ich die anderen Pärchen, die sich in unserer Klasse zusammenfanden. Endlich hatte auch ich das Interesse eines Mädchens wecken können. Sie hieß Karin und saß im Physikunterricht neben mir.

Unsicher, wie weit ich bei unserem ersten heimlichen Treffen gehen konnte, hatte ich einen Scherzartikel in der Innenfläche meiner Hand versteckt. Während wir ungeschickte Zungenküsse austauschten, schob sich meine Hand mutig unter die Bluse des Mädchens.

Ich tastete mich vorsichtig Richtung Brust vor und legte meine Hand auf die kleine feste Wölbung. Karins Körper zuckte unter dem schwachen Stromschlag zusammen und sie stieß mich heftig von sich. Karin ohrfeigte mich und schrie mir ein wütendes »Arschloch!« ins Gesicht. Dann drehte sie sich um und ließ mich einfach stehen.

# Sechstes Kapitel

»Mein Gott, ernährst du dich gesund.«

Vor Ivonne auf dem Tisch standen frisch gepresster Orangensaft, Ingwertee, ein Avocado-Aufstrich sowie verschiedene Obst- und Käsesorten, obwohl sie doch so einen Heißhunger auf Rührei mit Speck verspürte.

»Nun, vielleicht rührt das daher, dass ich nahezu täglich die Auswirkungen einer ungesunden Lebensweise auf meinem Tisch habe«, meinte Florian und nahm ihr die Tasche ab.

»Dann bist so ein richtiger Gesundheitspapst?«

»Das nicht, aber ich vergleiche meinen Körper immer gerne mit einer gut geölten Maschine, die möglichst lange reibungslos laufen soll.«

»Wie alt willst du denn werden?«, fragte Ivonne lachend während sie sich setzte.

»Na mindestens hundert.«

»Wahrscheinlich musst du solange durchhalten, um diese Wohnung abzubezahlen.«

Florian fühlte sich gekränkt. Dabei hatte er sich so eine Mühe mit allem gegeben und …

»`ntschuldigung«, beeilte sich Ivonne zu sagen, als sie seinen irritierten Blick sah. »Das war sehr unhöflich von mir, entschuldige bitte. Manchmal sollte ich mein Gehirn einschalten, bevor ich den Mund aufmache.«

*Ivonne, du benimmst dich wie ein Arschloch,* dachte sie und warf Florian einen verstohlenen Blick zu. Er sah immer noch geknickt aus, auch wenn er es tapfer hinter einem Lächeln zu verbergen suchte. *Ich bin so ein Trampel!*

*Mann, Florian, sei doch nicht so empfindlich,* dachte er. *Es war als Scherz gemeint.* Nicht gerade das, was er sich erhofft hatte, als Reaktion auf seine neue Wohnung, auf die er so stolz war und das Frühstück, für das er über eine Stunde in der Küche gestanden hatte.

Gegen Mittag wechselten sie von der Küchentheke ins Wohnzimmer und sofort begann Ivonne ihre Unterlagen auf dem Tisch auszubreiten. Nun war sie wieder in ihrem Element und Florian konnte ihr den Enthusiasmus förmlich ansehen.
»Wollen wir?«
Florian nickte.
»Aber zuerst würde ich gerne erfahren, wie du überhaupt an einen Fall herangehst? Gibt es ein Schema F nachdem du verfährst?«
»Nun, jeder Fall ist anders, aber es gibt immer eine gleiche Vorgehensweise. Wir nennen das Fallanalyse. Diese fußt auf drei Säulen. Der Spurenlage am Tatort, den Spuren am Opfer und der Persönlichkeit des Opfers. Daraus erstellen wir ein Profil des Täters. Genauso wichtig ist aber auch die Analyse des Tathergangs, also die Art und Weise, wie die Tat durchgeführt wurde, da sie uns viele Rückschlüsse über die Fähigkeiten des Täters gibt. Am Verhalten des Täters versuchen wir, seine Absicht, den Grund für seine Tat zu erkennen. Versucht er zum Beispiel einen persönlichen Konflikt zu lösen? Welche Bedürfnisse möchte er befriedigen? Verfolgt er Rituale? Welches Motiv treibt ihn an? Dann kommt der nächste Schritt. Die Auswahl des Opfers. Erfolgt dies zufällig, situativ oder gezielt. Wie bereitet er seine Tat vor? Geht er geplant vor? Lässt er sich von Emotionen leiten? Ist er eiskalt und berechnend?

Ist er in der Lage zu improvisieren? Gerät er schnell in Panik? Hat er einen Plan B?«

»Moment, Moment«, unterbrach Florian Ivonnes Vortrag, »das waren jetzt eine Menge Informationen auf einmal. Lass mich das an einem … äh einfachen Beispiel wiederholen. Nur um sicher zu sein, ob ich verstanden habe, was im Kopf eines Täters vor sich geht.«

Ivonne nickte und lehnte sich entspannt zurück.

»Also, es ist schon spät abends und ich bekomme Heißhunger auf einen Schokoriegel. Mein Entschluss steht fest: Ich brauche unbedingt etwas Süßes. Es muss ein ganz spezieller Schokoriegel sein, und zwar sofort. Nicht morgen, nicht später, jetzt! Aber es ist nach zehn, alle Läden geschlossen. Also, auf zur Tanke. Ich stehe vor der Auslage und suche verzweifelt nach meiner Lieblingsmarke, es muss dieser spezielle Riegel sein. Aber, oh Gott die Pappschachtel ist leer! Ich werde panisch und durchsuche das gesamte Regal. Alles da, Mars, Twix, Bounty, Lions, aber ich will verdammt nochmal ein Snickers! Okay, ich versuche mich zu beruhigen. Könnte es, nur ausnahmsweise, doch ein Mars sein? Ist ja fast das Gleiche, nur eben ohne Nüsse. Ich bin unschlüssig, aber ich merke, dass ich meine unbändige Gier nach Zucker befriedigen muss … und greife schließlich zum Mars.«

Ivonne grinste ihn an.

»So so, Schokoriegel. Es scheint mir, als wäre das dein heimliches Laster«, meinte sie schmunzelnd, bevor sie anerkennend fortfuhr. »Ungewöhnlicher Ansatz dein Beispiel, aber im Kern verstanden. Darf ich deine Ausführung für meine nächste Schulung nutzen oder hast du ein Copyright darauf?«

»Geschenkt«, sagte Florian großzügig und lehnte sich ebenfalls zurück. »Diese drei Säulen, die du erwähnt hast«, fragte er dann, »zu welchem Ergebnis haben sie euch geführt?«

»Nun, leider war die Spurenlage an beiden Tatorten unauffällig. Beide Frauen wurden tot auf einem Stuhl sitzend vorgefunden. Es gab keine Spuren eines Einbruchs oder von Fremdeinwirkung. Kein Kampf, keine typischen Abwehrverletzungen. Die Spuren an beiden Opfern jedoch waren gleich, und wurden eindeutig als Brandmale eines Elektroschockers, also eines Tasers, identifiziert.«

»Und die Persönlichkeit der Opfer?«

»Nun, beide war alleinstehend, hatten wenig soziale Kontakte, waren eher Einzelgängerinnen.«

»Vielleicht waren sie deswegen ideale Opfer«, mutmaßte Florian.

»Ja, für einen Heiratsschwindler vielleicht«, stimmte ihm Ivonne zu. »Der verarscht sie nach Strich und Faden, und am Ende macht er sich mit ihrem Geld aus dem Staub.«

»Aber dafür muss er sie nicht umbringen«, resümierte Florian und Ivonne nickte.

»Vielleicht sah der Täter keine andere Möglichkeit seinen Betrug mit einer weiteren Tat zu vertuschen.«

»Du meinst, weil das Opfer drohte, ihn anzuzeigen?«

»Genau. Meist reicht allein eine Androhung schon aus, um den Täter dazu zu bringen, eine weitere, noch schwerere Tat zu begehen. Für den Täter scheint dies dann einfach eine logische Konsequenz, die das Opfer quasi selbst verschuldet hat. Er hat dann deutlich weniger Skrupel. Und mit jedem neuen Opfer sinkt seine Hemmschwelle. Besonders dann, wenn er nicht erwischt wurde.«

»Aber welches Motiv hat er? Was treibt ihn dazu, überhaupt diese Straftaten zu begehen?«

»Tja, das Motiv zu finden ist immer das Schwierigste.«

»Er hasst Frauen«, schlug Florian vor.

»Davon kannst du ausgehen«, bestätigte Ivonne, »aber dieser Hass muss irgendwo seinen Ursprung haben.«

»Am meisten werden wir in der Kindheit geprägt. Vielleicht hat seine Mutter ihn gequält.«

Ivonne wog den Kopf hin und her.

»Das kann man nie ganz ausschließen. In den meisten Fällen jedoch, geht die Gewalt eher vom männlichen Part der Familie, also vom Vater, dem Stiefvater oder dem älteren Bruder aus. Aber der Junge könnte die Mutter genauso intensiv hassen, da sie ihm nicht zur Seite gestanden hat, um den Missbrauch oder die Gewalt zu verhindern.«

»Meistens ist eine Frau doch gar nicht in der Lage dazu.«

»Das stimmt«, gab Ivonne zu, »oftmals ist sie genauso Opfer und hat nicht die Möglichkeiten, sich zu wehren. Aber das Kind kann das nicht verstehen, und macht daher keinen Unterschied zwischen dem Hass auf den Täter und demjenigen, der es zulässt, indem er wegsieht. Es fühlt sich einfach nur verraten.«

Eine unangenehme, bedrückende Stille breitete sich zwischen ihnen aus, die Florian mit einem Räuspern beendete.

»Du hast erwähnt, dass auch der Tathergang für die Analyse des Falls wichtig ist«, sagte er, »und dass es dort kaum Ansatzpunkte gab.«

»Worauf willst du hinaus?«

»Mir geht es um die Position der beiden Wundmale. Ich bin mir sicher, dass der Täter diese Körperstelle nicht zufällig gewählt hat, sondern ganz bewusst.«

»Wie kommst du darauf?«

»Zum einem richtet der Stromschlag von dort aus auf seinem Weg durch den gesamten Körper den größtmöglichen Schaden an, zum anderen baute der Täter darauf, dass die Totenflecke die Male überdecken würden.«

»Was ja auch fast geklappt hätte«, bestätigte Ivonne.

»Wo würdest du einen Taser ansetzen?«

»Das käme darauf an, ob ich mich verteidigen müsste oder angreifen will«, entgegnete Ivonne, die noch immer nicht genau wusste, worauf Florian hinauswollte.

»Aber in beiden Fällen doch wohl eher nicht an die Beine«, hakte er nach, »vor allen Dingen nicht an die Innenseite der Oberschenkel. Da kommt man ja nicht so einfach ran. Es sei denn, es gab ein Handgemenge.«

Ivonne schüttelte den Kopf.

»Wie gesagt, es gab keine Hinweise auf Kampfspuren am Tatort. Und, was bedeutet das jetzt für uns?«

Ivonne schaute ihn erwartungsvoll an.

»Das heißt«, nahm Florian den Faden auf, »dass ich nicht glaube, dass es ein Taser gewesen ist.«

»Die Jungs von der KTU sind sich absolut sicher«, widersprach Ivonne, »und die verstehen ihr Handwerk.«

Florian hob beschwichtigend die Hände.

»Ohne jeden Zweifel, aber …«

Florian verstummte und runzelte die Stirn.

»Aber was?«, hakte Ivonne nach.

»Dann passt alles nicht zusammen. Der Tathergang und die vermeintliche Tatwaffe.«

»Du sagst es«, bestätigte Ivonne, »und deshalb drehen wir uns im Kreis.«

»Ich hasse das«, sagte Florian und Ivonne musste grinsen. Florian war nun an dem Punkt angekommen, an dem sie seit zwei Wochen feststeckte und nicht weiterkam. Daher konnte sie seine Reaktion sehr gut nachvollziehen.

»Ich würde mir gerne die Wohnung der Toten anschauen, falls das möglich ist«, sagte Florian und riss Ivonne aus ihren Gedanken.

»Jetzt gleich?«, fragte sie zurück und Florian nickte.

»Na dann los«, meinte Ivonne und klappte ihren Laptop zu.

Die Wohnung des Opfers war nach wie vor versiegelt, der Fundort noch unverändert.

»Okay«, begann Florian und sah sich im Esszimmer um. »Gefunden wurde die Frau hier am Tisch sitzend, Zeitung und Tasse davor, richtig?«

»Nicht ganz, der Kaffeebecher lag zerbrochen am Boden, der Inhalt auf dem Teppich verteilt.«

Die dunklen Flecken, die der Inhalt der Tasse auf dem beigen Fasern hinterlassen hatte, waren noch deutlich zu sehen.

»Wie sah der Becher aus?«, fragte Florian und machte sich auf den Weg in die Küche. Ivonne schaute auf den Tatortfotos in der Akte nach.

»Es war ein großer Kaffeebecher.«

»So wie dieser?«

»Exakt.«

»Auf welcher Seite war die Zeitung aufgeschlagen?«

»Bitte?«

»Na, wie weit war die Frau schon mit der Zeitung?«

»Puh, es sieht so aus, als wäre es die Wirtschaftsseite.«

»Also, relativ am Anfang«, überlegte Florian laut. *Es sei denn, die Frau hätte die gleiche Angewohnheit gehabt wie seine Adoptivmutter, die Zeitung von hinten – mit den schlimmsten Nachrichten, nämlich den Todesanzeigen zuerst – zu lesen.* Doch diesen Gedanken schob Florian zur Seite.

»Dann war die Tasse wahrscheinlich noch recht voll.« Florian füllte den Becher mit Wasser und setzte sich an den Tisch. Ivonne überprüfte alles anhand der Fotos und gab Florian entsprechende Anweisungen.

»Die Tasse lag rechts neben dem Stuhl, also gehen wir davon aus, dass sie Rechtshänderin war.«

»In Ordnung«, begann Florian, »ich bin jetzt die Frau und sitze am Tisch. Gestern war mir so schlecht, dass ich mich übergeben musste. Trotzdem trinke ich keine Tasse Tee, sondern ich bin ein Gewohnheitstier und mache mir eine Tasse Kaffee, wie wahrscheinlich jeden Morgen. Erstes Szenario. Die Frau hat im Laufe des Vorabends einen Stromschlag bekommen und erliegt Stunden später den Folgen. Möglich aber eher unwahrscheinlich.«

»Warum?«, wollte Ivonne wissen.

Florian ließ die Tasse los und griff sich theatralisch an die Brust.

»Als erstes würde ich mir an die Brust fassen, denn die Schmerzen sind stechend und beängstigend. Ich merke, dass etwas nicht stimmt. Deshalb versuche ich auf jeden Fall den Notarzt zu rufen. Trug sie ihr Handy bei sich?«

Ivonne schüttelte den Kopf.

»Das Telefon lag in der Küche und hing am Ladekabel.«

Florian nickte.

»Die Schmerzen werden schlimmer und ich bekomme kaum noch Luft. Trotzdem versuche ich, irgendwie an mein Smartphone zu gelangen, bevor es zu spät ist. Ich lasse mich vom Stuhl rutschen, da ich auf keinen Fall mehr aufstehen kann. Ich krieche auf allen Vieren Richtung Küche, doch die Anstrengung ist für meinen geschwächten Körper zu groß, das Kammerflimmern setzt ein, ich werde ohnmächtig …«

Auf halber Strecke zwischen Esstisch und Küche blieb Florian liegen.

»Exitus.«

»Du meinst, wir hätten sie dann nicht am Tisch sitzend aufgefunden?«

»Nicht gänzlich auszuschließen, aber eher unwahrscheinlich«, gab Florian zu und rappelte sich wieder auf. »Also, zweites Szenario.«

Er setzte sich erneut an den Tisch und nahm die Tasse in die Hand.

»Zack – ich bekomme einen heftigen Stromschlag, jetzt und hier direkt am Tisch.«

Florians Finger umklammerten den Henkel der Tasse, sein Arm zuckte nach oben und sein ganzer Körper prallte heftig nach hinten gegen die Stuhllehne. Keine zwei Sekunden später erschlaffte seine Muskulatur, sein Oberkörper kippte nach vorne, der Arm fiel herab und die Tasse entglitt seiner Hand. Florian richtete seinen Oberkörper auf und schaute Ivonne abwartend an.

»Ich tendiere eher zur zweiten Version, was uns zu der Frage bringt, …«

»…woher kam der Stromschlag?«, beendete Ivonne seinen Satz.

Florian stand auf und drehte den Stuhl um.

»Auf den ersten Blick sieht es nicht so aus, als wäre hier irgendetwas manipuliert worden.«

»Warte«, forderte Ivonne ihn auf und strich über den dünnen Stoff, der an der Unterseite der Sitzfläche angebracht war.

»Holst du mir bitte ein Messer aus der Küche«, bat sie Florian.

Nachdem sie den Stoff am Rand der Klammern eingeritzt hatte, konnte Ivonne ihn problemlos fassen und abziehen. In der darunterliegenden Spanplatte befanden sich zwei schwarze, verbrannte Löcher.

»Wie perfide ist das denn?«, fragte Florian, obwohl er nicht wirklich eine Antwort erwartete.

»Nahezu perfekt«, musste Ivonne eingestehen. Ohne Florians medizinisch fundierte Nachstellung hier vor Ort, wären sie nie auf diesen entscheidenden Hinweis gestoßen.

»Der Täter befestigt den Taser hier. Aber wie aktiviert er ihn? Mittels Fernbedienung, Fernzünder oder einem elektrischen Impuls?«, überlegte Florian laut.

»Das ist bestimmt machbar«, bestätigte Ivonne, »aber ich lasse das gleich morgen früh zur Sicherheit von unseren Experten der KTU überprüfen.«

»Wahrscheinlich saß der Täter draußen im Auto, wartete seelenruhig bis sein Opfer sich auf den elektrischen Stuhl setzte und dann ...« Florian brach ab.

»Dieses Schwein!« Ivonne empfand dasselbe und stimmte Florian insgeheim zu. Um ihn jedoch auf andere Gedanken zu bringen machte sie ihm ein Kompliment.

»Das war hervorragende Arbeit.«

Diese Feststellung entsprach zudem absolut der Wahrheit, denn es war unbestreitbar Florians Verdienst, das sie nun den mutmaßlichen Tathergang rekonstruiert und weitere wichtige Erkenntnisse zum Profil des Täters gewonnen hatten. Dieser besaß ungehinderten Zugang zu den Wohnungen seiner Opfer. Zudem verfügte er über ein umfangreiches technisches Wissen im Bereich Elektrotechnik. Und er war so kaltschnäuzig und abgebrüht, dass er den Tatort nach der Tat erneut aufsuchte, um die Tatwaffe und seine Spuren zu beseitigen.

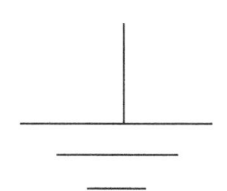

# Siebtes Kapitel

Am Montagmorgen traf Florian erst auf den letzten Drücker im Institut ein. Ivonne hatte sich zwar bereits am späten Nachmittag verabschiedet und ihm versprochen, sich um die Überführung der Leiche in das Rechtsmedizinische Institut zu kümmern. Aber Florian hatte bis spät in die Nacht im Internet nach den Fachbegriffen recherchiert, die ihm Ivonne während des Nachmittages so selbstverständlich um die Ohren geschleudert hatte. Die Essensreste, die er sichergestellt und ihr bereits am Samstag mitgegeben hatte, würde sie ebenfalls vom Rechtsmediziner untersuchen lassen. Florian plante, gleich nach der täglichen Besprechung, die Medizinisch Technische Assistentin über die Änderung bezüglich der Abholung der Leiche zu informieren. Aber zunächst beeilte er sich, pünktlich zum Meeting zu erscheinen. Alle Kollegen saßen bereits im Besprechungsraum.

»´ntschuldigung«, murmelte Florian.

»Nicht so schlimm Häusler, wir fangen gerade erst an. Also, OP1, halb neun, Entfernung Lebertumor«, begann der Professor mit der Einteilung. »Schubert, Sie halten sich ab neun für einen interoperativen Schnellschnitt bereit. OP2, neun Uhr dreißig, Entfernung einer Gebärmutterzyste für Sie Häusler.«

Florian nickte. Die restliche Zeit würden er und seine Kollegen des Instituts damit verbringen, die eingefärbten Präparate zu begutachten, die sich bereits auf dem Tisch im Schnittraum stapelten. Zu Stoßzeiten konnten dies bis zu siebzig Tafeln à zwanzig eingekapselte Gewebeproben sein, die alle eingehend untersucht werden mussten.

Kurz bevor der Professor die Besprechung beenden wollte, meldete sich Häusler zu Wort.

»Die Leiche der Frau wird heute abgeholt«, begann er, »sie wird in die Rechtsmedizin gebracht.«

Der Professor zog die Augenbrauen hoch und schaute ihn erstaunt an.

»Es hatten sich Auffälligkeiten gezeigt«, erklärte Florian, »die eventuell auf eine unnatürliche Todesursache schließen lassen.«

»Also kein Herzversagen?«, fragte der Professor.

»Doch schon, aber der Auslöser war vermutlich ein Stromschlag. Die Kriminalpolizei möchte absolut sicher gehen und hat alles in die Wege geleitet.«

Häuslers Vorgesetzter nickte.

»Gut, dann kümmern Sie sich um alles Weitere.«

Der Professor erhob sich und löste damit das Meeting auf.

Florian machte sich auf den Weg in sein Büro, loggte sich ein und überprüfte als erstes sein elektronisches Postfach. Danach öffnete er seinen Bericht über die Obduktion. Er würde ihn ändern müssen. Aber zuerst würde er im Erdgeschoß vorbeischauen, um die verantwortliche Assistentin über die Änderung bezüglich der Abholung zu informieren. Häusler befand sich gerade im Treppenhaus auf dem Weg nach unten, als sie ihm bereits entgegenkam.

»Hier die Papiere«, sagte sie und reichte ihm einen geschlossenen DINA4 Umschlag.

»Die Frau wurde schon abgeholt?«, fragte Häusler verblüfft.

»Ja, vor einer halben Stunde etwa. Ich hätte den Umschlag schon früher vorbeigebracht, aber ich hatte noch kurz im Archiv zu tun.«

»Schon gut. Ich hatte nur nicht gedacht ...«

Häusler drehte sich auf dem Absatz um und eilte zurück in sein Büro.

»Holtkämper.« Ivonne meldete sich bereits nach dem zweiten Klingeln.

»Hallo Ivonne, Florian hier. Ich wollte nur Bescheid geben. Die Leiche wurde vor knapp dreißig Minuten abgeholt.«

»Das kann nicht sein, ich habe erst vor einer Viertelstunde mit dem Kollegen der Rechtsmedizin gesprochen.«

Häusler zuckte zusammen. Er betrachtete den noch immer verschlossenen Umschlag. Verdammt, wäre er doch schon vor der Besprechung direkt zur MTA gegangen, um sie über den neuesten Stand der Dinge zu informieren. Die Besprechung, der kurze Plausch mit Schubert beim Kaffee holen und das Checken der E-Mails danach, hatten ihn zu lange aufgehalten. Häusler riss den Umschlag auf. Der Stempel des Bestattungsunternehmens prangte ihm entgegen.

»Gib mir einfach die Nummer vom Bestatter. Ich regle das dann schon.«

»Ivonne, es tut mir total ...«

»Florian, die Nummer!«, drängelte Ivonne.

So wie er ihr die Nummer durchgegeben hatte, beendete sie das Gespräch.

*Du bist so ein Vollidiot*, dachte Florian und hätte sich am liebsten geohrfeigt. Aber so energisch, wie er Ivonne in den letzten zwei Tagen kennengelernt hatte, würde sie alle Hebel in Bewegung setzen und dem Bestatter die Hölle heiß machen, wenn dieser sich nicht umgehend auf den Weg zur Rechtsmedizin machen würde. Florian schüttelte den Kopf. Dann schaute er auf die Uhr. Schon zwanzig nach neun, er musste sich sputen.

Bis zur Mittagspause hörte Florian nichts von Ivonne. Hatte er wohlmöglich alles vermasselt? War die Leiche vielleicht schon verbrannt worden, und damit jegliche Spuren vernichtet? Dann wäre Ivonne zu Recht wütend auf ihn. Die Warterei zerrte an seinen Nerven.

Die erlösende WhatsApp kam erst kurz vor Feierabend und lautete: Heute 17 h Rechtsmedizin.

»Florian, Reinhard, Reinhard, Florian", übernahm Ivonne kurzerhand die unkomplizierte Vorstellung der beiden Ärzte, nachdem sie den Sektionssaal betreten hatten.

»Hallo Florian. Kompliment, gute Arbeit Kollege.« Florian bedankte sich für das Lob seitens des Rechtmediziners, einem bulligen Mittvierziger mit kahlem Schädel, aber dafür umso imposanteren Vollbart. Reinhard bestätigte die Todesursache Herzversagen als Folge von Herzrhythmusstörungen ausgelöst durch einen Stromschlag. Die beiden Wundmale waren definitiv durch den Kontakt mit einer entsprechenden Stromquelle entstanden.

»Die Schwierigkeit, Stromstöße als Ursache für Herzrhythmusstörungen eindeutig zu erkennen, hängt damit zusammen, das diese Störungen auch erst Stunden später einsetzen können«, erklärte der Rechtsmediziner der Ermittlerin.

»Der Haupttaktgeber für den regelmäßigen Herzschlag ist der Sinusknoten. Dieser besteht aus Muskelgewebe und Nerven und sitzt im rechten Vorhof des Herzens. Von dort aus sendet er elektrische Impulse an das Herz, damit es sich zusammenzieht und das Blut durch den Körper pumpt«, ergänzte Florian.

»Und Strom von außen kann diese natürlichen elektrischen Signale beeinflussen. Der Herzmuskel kann dann nicht unterscheiden, ob der Impuls vom Sinusknoten kommt oder einer anderen Quelle entstammt. Dabei reichen knapp sechs Milliampere aus, damit Muskeln sich verkrampfen«, erläuterte Reinhard. »In einem besonders kurzen Zeitintervall von weit unter einer Sekunde, der sogenannten vulnerablen Phase, reagiert das Herz besonders empfindlich auf äußere Reize. Durch die zugeführten Stromschläge entsteht ein regelrechtes Chaos an Impulsen, das dazu führt, dass das Herz sich nicht mehr richtig zusammenzieht und die Pumpleistung extrem nachlässt. Der Blutdruck fällt, der Kreislauf versagt und bereits nach wenigen Minuten sind die lebenswichtigen Organe nicht mehr ausreichend mit Sauerstoff versorgt. Die ersten Zellen sterben ab, und die Chance zu überleben sinkt rapide.«

»Bei allen drei Frauen führte der Stromschlag, beginnend vom Oberschenkel, durch den gesamten Oberkörper. Bereits eine geringe Stromstärke reicht aus, damit sich auch die Muskulatur der Lunge verkrampft und das ein- und ausatmen für das Opfer unmöglich wird.«

»Also, eine auf doppelte Weise nahezu sichere Methode, jemanden zu töten«, resümierte Ivonne und die beiden Mediziner nickten zustimmend.

»Jetzt ist die Tote also offiziell Opfer Nummer drei?«, fragte Florian auf dem Weg aus der Rechtsmedizin zum Parkplatz.

»Ja«, bestätigte Ivonne, »ich habe von der Staatsanwaltschaft den Auftrag für die Ermittlungen bekommen, der auch die beiden alten Fälle mit einbezieht. Ich werde ein Ermittlungsteam bilden und die Leitung übernehmen.«

Sie schlenderten gemeinsam zu ihren Fahrzeugen. Ivonne zu ihrem alten hellblauen VW Käfer Cabriolet, Florian zu seinem E-Bike.

»Das sieht ja echt stylisch aus«, meinte Ivonne während Florian das Fahrradschloss öffnete. Er ließ sich absichtlich viel Zeit, da er immer noch keine Idee hatte, wie er Ivonne überreden könnte, ihn weiterhin an den Ermittlungen teilhaben zu lassen. Er fürchtete sich vor einem letzten Händedruck und einem weiteren *»Man sieht sich«* seinerseits. Langsam richtete er sich auf und klemmte das Schloss in die entsprechende Halterung.

»Eigentlich ist es nichts Besonderes. Ein einfaches Tourenrad, aber es macht sehr viel Spaß, damit zu fahren.«

»Und die tägliche Suche nach einem Parkplatz erübrigt sich«, stellte Ivonne fest.

»Definitiv«, bestätigte Florian lachend.

»Ich würde mich gerne für das leckere Frühstück revanchieren«, sagte Ivonne endlich.

»Sehr gerne«, entgegnete Florian und hoffte, dass Ivonne ihm seine tonnenschwere Erleichterung nicht ansah.

»Wie sieht es morgen Abend aus?«

»Passt«, meinte er und ließ sich ihre Adresse geben.

»Um sieben?«

»Gerne.«

»Muss ich auf irgendetwas achten, außer dass du kein Fleisch isst?« Florian schüttelte den Kopf.
»Okay, dann bis morgen.«

## Achtes Kapitel

»Hi«, begrüßte ihn Ivonne und hielt ihm die Tür auf.

»Hier für dich«, sagte Florian und überreichte ihr eine dunkle Flasche.

»Oh, Rotwein?«, fragte Ivonne.

»Äh, nein. Heidelbeerdressing vom Fass.«

Ivonne lachte laut und Florian wäre am liebsten im Boden versunken. Blumen, Pralinen, Wein? Er hatte so mit sich gehadert, und sich dann für dies, so hoffte er doch, außergewöhnliche Mitbringsel entschieden. Anscheinend hatte er alles falsch gemacht.

»Oh Mann Florian, du bist echt ein unerschütterlicher Weltverbesserer. E-Bike statt Auto, Vegetarier, Plastikvermeider und Dressing- statt Weinverschenker.«

»Ich wusste nicht …«, setzte er an, doch dann gab er auf.

»Schuldig in allen Anklagepunkten.«

»Zur Strafe musst du heute alles essen, was ich dir auftische.«

»Okay«, sagte er und hoffte, sie hatte ihn nicht nur als Höflichkeit gefragt, was sie beachten sollte.

Seine Befürchtungen stellten sich als unbegründet heraus, denn Ivonne hatte sich immens ins Zeug gelegt und ein drei Gänge Menü ohne jegliche tierische Zutaten zusammengestellt.

Während sie die leeren Teller und Schüsseln auf die Spüle stellten fielen Florian die Proben ein, die er ihr mitgegeben hatte.

»Ist Reinhard eigentlich mit den Essensresten weitergekommen?«

Ivonne nickte.

»Sushi.«

»Bitte?«

»Es gab Sushi. Reinhard hat die Essensreste analysiert und dabei neben Reis und Fisch noch Reste von Algenblättern gefunden.«

Florian blieb stumm und ließ die Information sacken. Doch seine Mundwinkel wollten unbedingt nach oben. Hatte seine Umsicht vielleicht einen weiteren wichtigen Hinweis ermöglicht?

»Hey, das ist allemal besser als Reste von Pommes oder Pizza«, bestätigte ihm Ivonne in diesem Moment.

»Das grenzt die Suche hoffentlich ein«, meinte er schließlich.

»Wie viele Sushi Restaurants gibt es in der Stadt und der näheren Umgebung?«

»Die Frage ist, wie weit ist man bereit, für ein gutes Abendessen zu fahren«, erwiderte Ivonne.

»Maximal zwanzig, dreißig Kilometer«, schätzte Florian.

»Okay, wir haben den Wohnort der Frau und nehmen einen Umkreis von sagen wir fünfzig Kilometer. Dort werden wir morgen mit der Suche beginnen.«

»Wir?«, hakte Florian nach und hoffte auf ein eindeutiges Zeichen, dass sie mit *wir* nicht ihre Kollegen vom Morddezernat meinte, sondern sie beide.

Ivonne grinste ihn an.

»Komm, gibt es doch endlich zu, du willst auf jeden Fall mitmachen.«

»Erneut ertappt, du bist wirklich eine sehr gute Ermittlerin«, scherzte Florian.

»Das liegt auf jeden Fall an meiner absolut guten Beobachtungsgabe.«

»Aha.«

»Deine nonverbalen Aussagen verraten dich.«

»Ist das so?«

»Deine Körperhaltung spricht Bände. Seit dem Essen denkst du über einen perfekten Übergang nach, wie du mich fragen könntest, ob ich dich an den Ermittlungen beteiligen könnte. Einerseits willst du dich nicht aufdrängen, anderseits hast du Blut geleckt.«

Florian dachte an die gestrige Nacht, die er fast gänzlich vor dem PC verbracht hatte, um alle Informationen, die er über Fallanalysen, Täterprofile und Co. finden konnte, aufzusaugen.

»Na, das nenne ich mal eine passende Beschreibung«, meinte Florian und lachte.

»Offiziell bist du natürlich nicht in meinem Team«, sagte Ivonne ernst, »aber was ich in meiner Freizeit tue oder lasse, kann mir ja schließlich niemand vorschreiben.«

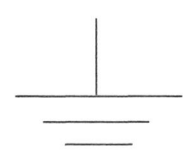

## *1997*

*Heute bin ich achtzehn Jahre alt geworden. Eine große Party wird es nicht geben. Wen sollte ich auch einladen? Freunde habe ich kaum, und nach der Geschichte mit Karin verhielten sich die Mädchen mir gegenüber sehr zurückhaltend, geradezu abweisend. Das machte mir aber schon lange nichts mehr aus. Das ganze Rumgezicke und die Unerfahrenheit dieser jungen Mädchen stießen mich eher ab, als das ich mich zu ihnen hingezogen fühlte. Was wussten die schon von wahrer Leidenschaft? Von purer Lust, die nur mit Schmerzen einhergehend empfunden werden konnte.*

*Mit dem heutigen Tag standen mir andere, weitaus reizvollere und vielfältigere Möglichkeiten der sexuellen Befriedigung zur Verfügung. Denn wer dafür bezahlte, konnte die Spielregeln bestimmen.*

## Neuntes Kapitel

»Erde an Häusler. Die Präparate untersuchen sich nicht von selbst.« Florian zuckte erschrocken zusammen.

»Mann Häusler, wo stecken Sie denn mit Ihren Gedanken?«

»Ich ... Entschuldigung. Ich mache mich sofort wieder an die Arbeit.« Er unterdrückte ein Gähnen. Gestern Abend hatten sie die asiatischen Restaurants in der näheren Umgebung abgeklappert, in der Hoffnung, dass sich jemand an die Frau und – im besten Fall auch an einen Begleiter – erinnern würde.

»Machen wir Schluss für heute«, hatte Ivonne kurz vor Mitternacht vorgeschlagen und sich die Schläfen gerieben. Die Restaurants innerhalb der Stadt hatte Ivonne bereits den ganzen Tag über von einem Mitarbeiter ihres vierköpfigen Ermittlerteams ohne Ergebnis überprüfen lassen.

»Ich hatte gehofft, Sushi würde die Suche einschränken, aber mittlerweile gibt es mindestens genauso viele asiatische Restaurants wie Pizzerien. Von den Stehimbissen will ich gar nicht erst reden!«

*Mist*, hatte er in diesem Moment gedacht.

»Vielleicht war sie gar nicht auswärts essen.«

»Du meinst Sushi to go?«, hatte Ivonne gefragt und sich ihre Frage gleich selbst beantwortet.

»Das hätte für den Täter den Vorteil, überhaupt nicht öffentlich in Erscheinung treten zu müssen.«

Florian war in diesem Moment noch eine weitere Möglichkeit durch den Kopf gegangen, die eine Eingrenzung praktisch unmöglich machte.

»Ich befürchte, dass heutzutage nahezu jeder x-beliebige Discounter im Kühlregal Sushi Fertigboxen zum Verkauf anbietet.«

Daraufhin hatte Ivonne geschwiegen und Florian hatte beobachten können, wie es in ihrem Kopf arbeitete. Diese Spur, von der sie sich mehr versprochen hatte, war definitiv eine Sackgasse.

»Es tut mir leid«, hatte er mitfühlend gesagt, doch Ivonne hatte mit dem Kopf geschüttelt.

»Das muss es nicht«, hatte ihre Antwort gelautet.

»Nicht?«

»Nein, auch wenn uns die letzte Mahlzeit des Opfers nicht weitergebracht hat, haben wir doch noch etwas über den Täter erfahren.«

Florian hatte nur Bahnhof verstanden.

»Nun, der Täter hat es vermieden, sich mit seinen Opfern in der Öffentlichkeit zu zeigen. Dafür wird er seine Gründe haben.«

»Als da wären?«

»Entweder ist er sehr bekannt, und Schrägstrich oder verheiratet.«

Florian hatte gehofft, dass diese Erkenntnis Ivonne weiterbringen würde, obwohl sie immer noch meilenweit von einer Lösung des Falls entfernt waren. Todmüde, aber zum Glück nicht ganz so enttäuscht wie er es befürchtet hatte, hatten sie sich verabschiedet und für den nächsten Abend erneut bei Paolo verabredet. Zum Abschied hatte Ivonne ihm mitgeteilt, dass sie den nächsten Tag nutzen würde, um mehr über das letzte Opfer herauszubekommen. Sie würde versuchen, die letzten vierundzwanzig Stunden vor dessen Tod zu rekonstruieren. Wo war sie überall gewesen? War sie dabei allein gewesen oder in Begleitung?

Wer hatte sie zuletzt lebend gesehen? Folgte sie regelmäßigen Routinen? Hatte sie feste regelmäßig wiederkehrende Termine? Wie war ihr Gemütszustand? War sie traurig, ängstlich oder eher wütend? All diesen Fragen würde Ivonne auf den Grund gehen und die Nachbarn und die Putzfrau eingehend befragen.

Florian wurde tatsächlich beim zweiten Besuch von Paolo bereits wie ein treuer Stammkunde begrüßt, und der Espresso stand, ohne dass es einer Aufforderung bedurfte, fünf Minuten später auf dem Tisch. Nachdem sie ihr Essen bestellt hatten, holte Ivonne die Akten der drei Fälle hervor, breitete sie vor sich auf dem Tisch aus und lehnte sich zurück.

»Ich habe die Nachbarn gesprochen, ihre Putzfrau, ihre Friseuse, ohne wirklich etwas über die Frau zu erfahren. Sie hatte keine engeren Kontakte in der Nachbarschaft. Man grüßte sich wenn man sich auf der Straße traf, aber Einladungen war sie nie gefolgt und hatte selber auch keine ausgesprochen. Laut Friseurin blieb die Beziehung zwischen ihnen auf rein geschäftlicher Basis. Über Persönliches wurde nicht gesprochen. Die Putzfrau hatte ebenfalls nichts zu berichten. Sie ist bei einer Agentur angestellt und betreute diesen Haushalt erst seit einigen Wochen. Sie kam einmal wöchentlich, für etwa drei Stunden. Bis auf eine kurze Begrüßung und Absprache, welche Arbeiten zu erledigen wären, fanden keine persönlichen Unterhaltungen statt. Die Putzfrau beschrieb die Frau als vornehm, zurückhaltend, aber nicht als kalt. Die Frau tat ihr, trotz ihres Wohlstandes, sogar ein wenig leid, da sie immer eine gewisse Traurigkeit ausstrahlte.«

»Wenn man frisch verliebt ist, sollte man doch eher fröhlich sein«, meinte Florian, doch Ivonne widersprach.

»Ich denke, sie war unglücklich verliebt. Sie war nur die heimliche Geliebte, eine Gespielin, mit der man sich nicht in der Öffentlichkeit zeigen konnte. Eine Lückenbüßerin, ausschließlich für gewisse Stunden und niemals die erste Frau an seiner Seite.«

»Das muss ihr doch von Anfang an bewusst gewesen sein«, warf Florian ein.

»Vielleicht hat sie sich trotzdem Hoffnungen gemacht.«

»Oder sie war ihm hörig.«

Ivonne zuckte mit den Schultern.

»Leider können wir dazu nur Vermutungen anstellen und das bringt uns nicht weiter. Das Einzige was wir wissen, ist das ihr Handy den ganzen Tag in derselben Funkzelle eingeloggt war. Demnach wird sie wohl den ganzen Tag zuhause gewesen sein, aber nicht einmal das ist hundertprozentig sicher.«

Ivonne strich sich eine Haarsträhne aus der Stirn, dann deutete sie auf die drei Ordner, die noch immer vor ihr auf dem Tisch lagen.

»Ich habe den ganzen Tag die Akten gewälzt, alle Fotos angeschaut, Berichte gelesen. Nichts. Ich finde einfach keine Parallele, die uns zu einem möglichen Täter führen könnte. Ich bin immer noch auf der Suche nach der entscheidenden Gemeinsamkeit zwischen den drei Fällen, die uns endlich auf eine brauchbare Spur führt.«

Ivonne rieb sich die Schläfen und Florian sah, wie müde und enttäuscht sie war.

»Bei euren Ermittlungen kommt es auf jede noch so kleine, auf den ersten Blick vielleicht nebensächliche Information und auf jedes noch so winzige Detail an«, sinnierte er. »Ich glaube, unsere beiden Berufe unterscheiden sich gar nicht so sehr.«

Ivonne beugte sich vor und sah ihn erwartungsvoll an.

»Da bin ich aber sehr gespannt, was ein Pathologe und eine Ermittlerin gemein haben.«

»Na ja, zunächst einmal treten wir beide nicht so in der Öffentlichkeit auf.«

Ivonne grinste.

»Du meinst, ich jage nicht im nagelneuen Fünfer-BMW von Tatort zu Tatort, wie die Kommissare im Fernsehen.«

»Genau. Ich arbeite den Chirurgen zu, ohne dabei selber groß in Erscheinung zu treten. Das negative wie positive Ergebnis meiner Arbeit im Institut, wird dem Patienten vom behandelnden Arzt übermittelt.«

»Das kann auch ein Vorteil sein.«

Ivonne dachte an die unangenehmen Seiten ihres Berufes. Die Momente in denen Todesnachrichten übermittelt werden mussten oder, was Ivonne persönlich noch viel schlimmer fand, wenn sie die Angehörigen informieren musste, dass die Ermittlungen ohne Ergebnisse eingestellt wurden.

Florian hob beschwichtigend die Hände.

»Darüber will ich mich gar nicht beschweren. Ganz im Gegenteil, aber ich habe ebenfalls Medizin studiert und die längste Facharztausbildung, die es gibt, noch hintendran gehängt.«

»Das war mir gar nicht bewusst«, sagte Ivonne anerkennend und Florian nickte.

»Die Ausbildung zum Facharzt der Pathologie dauert sechs Jahre, also inklusive Studium habe ich zwölf Jahre investiert. Doch ich weiß, wofür ich das alles auf mich genommen habe. Der Beruf ist so faszinierend und abwechslungsreich und das Aufgabengebiet so vielfältig.

Viele denken, wenn sie Pathologe hören, immer nur an das Sezieren von Leichen, dabei ist das gar nicht meine Hauptaufgabe.«

»Die verwechseln Rechtsmedizin und Pathologie«, meinte Ivonne und Florian nickte erneut.

»So in etwa. Wenn ich dann erzähle, was ich genau mache, finden das viele eher langweilig und uninteressant. Dabei sind wir die Dienstleister der Ärzte. Wir überprüfen ihr Handeln im Hinblick auf die gestellte Diagnose und die angewandte Behandlung. Eine Autopsie an dem verstorbenen Patienten, so paradox sich das auch anhören mag, ist das beste Instrument zur Verbesserung der Qualität der klinischen Medizin.«

»Bei mir läuft es ähnlich. Leider komme auch ich immer erst dazu, wenn das Kind quasi schon in den Brunnen gefallen ist. Meistens werde ich gefragt, ob ich als verdeckte Ermittlerin arbeite. Alles andere interessiert die Leute gar nicht. Sie haben keine Ahnung, wie akribisch die Untersuchung eines Verbrechens erfolgen muss, um am Ende Erfolg zu haben. Ja, und auch ich mag das Arbeiten im Verborgenen. Ich brauche keine Aufmerksamkeit oder Pressekonferenzen, um mich darzustellen. Fälle lösen, Täter überführen, Gerechtigkeit und Gewissheit für die Opfer und ihre Angehörigen, das treibt mich an.«

»Hast du deine Berufswahl jemals bereut?«

»Nicht einen Moment«, erwiderte Ivonne.

Etwas anderes als Antwort hatte Florian nicht erwartet.

»Kann ich noch mal die Fotos vom letzten Tatort sehen?«, bat Florian, der trotz mehrmaligem Lesen der Akten keine neuen Erkenntnisse gewonnen hatte, die sie in irgendeiner Form weiterbringen würden. Bereitwillig schob Ivonne ihm den Laptop hin und nutzte die Gelegenheit, sich die Beine zu vertreten. Viel hatten auch die beiden Wohnungen der Opfer nicht gemeinsam, wie Florian beim Betrachten der Bilder feststellen musste. Unterschiedliche Einrichtungen, unterschiedliche Stile und Farben ... Florian stutzte. Er betrachtete das Bild des Flures vom zweiten Tatort ein weiteres Mal und verglich es mit dem Foto aus der Akte des ersten Falls.

»Hast du etwas gefunden?«, fragte Ivonne, die gerade von ihrem Rundgang durch seine Wohnung zurückkam und sich nun neben ihn setzte.

»Ich weiß nicht, ob ...«, begann Florian.

»Nicht zögern, immer raus mit der Sprache. Alles kann wichtig sein«, ermunterte sie ihn.

»Okay. Mir ist aufgefallen, dass in beiden Fluren das Display eines Sicherheitssystems installiert ist. Ob es das Gleiche ist, kann ich anhand der Fotos nicht erkennen, aber ich bin mir sicher, dass sich in der Wohnung des dritten Opfers ebenfalls so eine Smarthome Anlage befunden hat.«

»Hundert Prozent sicher?«

»Hundertfünfzig.«

## *2003*

*Von mir aus hätte es gerne noch jahrelang so weitergehen können. Mir lag nichts an einer festen Beziehung mit nur einer Partnerin. Das würde auf die Dauer viel zu monoton und langweilig werden. Ich konnte es mir leisten und so bezahlte ich für die Erfüllung meiner speziellen sexuellen Wünsche. Doch bei der Entscheidung, die mein bisheriges Leben maßgebend verändern würde, war meine Meinung wie so oft überhaupt nicht gefragt. Die Hochzeit zwischen der Tochter des besten Freundes meines Vaters und mir war bereits ausgemachte Sache zwischen zwei alten Patriarchen, die, jegliche Bedenken oder Gefühle vollkommen ignorierend, unangefochten die Geschicke ihrer beiden Familien lenkten. Sie waren es gewohnt, ihre Familienmitglieder wie Figuren auf einem Schachbrett hin und her zuschieben, um sie, je nach Bedarf, zu beschützen oder zu opfern.*

*Nicole und ich waren zweifelsohne Bauernopfer in diesem Spiel der alten Männer, um den Fortbestand zweier Familienunternehmen zu garantieren. Dieser Umstand hätte uns beide vielleicht zu einer Einheit zusammenschweißen können. Ja, uns eventuell sogar zu Verbündeten machen können ...*

## Verschenkt

Ich wurde verschenkt, verhökert, verschachert. Und damit man mich nicht postwendend zurücksendete, bekam der Empfänger oberdrein eine ordentliche Mitgift. Meine Eltern waren froh, mich endlich los zu sein. Mich, Nicole, die nichtsnutzige Tochter, die bis dato nichts in ihrem Leben auf die Reihe bekommen hatte, und die sie noch immer für den Tod des geliebten Sohnes verantwortlich machten. Zunächst hatte ich das Gefühl, dass auch Wolfgang nur eine Marionette seines herrischen Vaters war. Würde uns diese Gemeinsamkeit in irgendeiner Form verbinden? Würde sich vielleicht für mich doch noch alles zum Guten wenden?

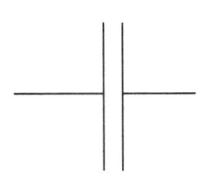

## Zehntes Kapitel

»Und, bist du weitergekommen, was das Sicherheitssystem anbelangt?«, fragte Florian Ivonne am nächsten Abend, kaum dass sie an seiner Küchentheke Platz genommen hatte.

»Nur ein wenig«, meinte Ivonne zerknirscht. »Ich bin heute den ganzen Tag unterwegs gewesen und habe mir nochmals alle drei Wohnungen angeschaut. Die ersten beiden sind bereits weiterverkauft worden.«

»Oh, und wie reagieren die Leute auf deine Bitte, dich nochmals umschauen zu wollen?«

»Es ging so. Natürlich ist es für niemanden schön, daran erinnert zu werden, dass in dem Haus, in dem man wohnt, jemand zu Tode gekommen ist. Aber es war für beide mehr oder weniger in Ordnung.«

»Sind es dieselben Systeme?«

»Ja.«

»Und, konnte sich einer der Nachbarn an einen Elektriker erinnern?«

»Leider habe ich nicht alle angetroffen, aber diejenigen, mit denen ich sprechen konnte, konnten sich an niemanden erinnern.«

»Ich schätze, Fingerabdrücke an den Geräten zu nehmen, macht nach dieser langen Zeit keinen Sinn, oder?«, fragte Florian und Ivonne schüttelte den Kopf.

»Aber vielleicht am Sicherungskasten?«, schlug Florian vor.

»Daran hatten wir auch schon gedacht, aber leider Fehlanzeige.«

Florian nutzte die Pause, die gerade entstand um ihnen beiden nachzuschenken.

»Welche Handwerkerbetriebe bieten diese spezielle Haustechnik an?«, überlegte Ivonne laut.

»Ich glaube, heutzutage jeder Elektrikermeister, der etwas auf sich hält«, meinte Florian.

»Und wie weit fährt ein Handwerker für einen lohnenden Auftrag?«, fragte Ivonne.

»Ich denke, das kommt auf die Größe des Betriebes an. Hat er mehrere Mitarbeiter, deckt er bestimmt eine größere Region ab, als ein Ein-Mann-Betrieb.«

»Okay, nehmen wir einen Umkreis von sagen wir fünfzig, sechzig Kilometer?«

Florian nickte.

»Ein Angestellter eines größeren Betriebes kann mehrere Tage unterwegs sein.«

»Ja, aber bei einem Kleinbetrieb ist der Meister sein eigener Herr und hat die Termine selbst in der Hand.«

»Ich werde die Nachbarn befragen müssen, ob ihnen in letzter Zeit ein Servicewagen eines Elektrikers aufgefallen ist. Vielleicht erinnert sich jemand an das Logo auf dem Wagen oder sogar an den Namen des Betriebes. Das werde ich gleich morgen in Angriff nehmen.«

Bewaffnet mit zwei Tellern und einer großen Schüssel Salat wechselten sie ins Wohnzimmer.

»Ich überlege gerade, welche Werbung ein Handwerksbetrieb heute betreibt, um auf sich aufmerksam zu machen«, sagte Florian, während er die beiden Teller füllte.

»Annoncen, Radiospots, eigene Website, Homepage, Flyer…«, zählte Ivonne auf. »Manchmal gibt es auch diese kleinen Messen, auf denen sich verschiedene Unternehmen gemeinsam präsentieren. Die finden recht regelmäßig, alle ein bis zwei Jahre statt.

Dabei werden bestimmt unzählige Beratungsgespräche geführt und eine Unmenge an Visitenkarten verteilt. Wie viele Aufträge tatsächlich dadurch zustande kommen ...«

Ivonne zuckte die Schultern.

»Wurden denn Rechnungen, Lieferscheine oder irgendwelche Belege über die Installation des Sicherheitssystems in den Unterlagen der Frau gefunden?«

Ivonne schüttelte den Kopf.

»Vielleicht Schwarzarbeit?«, meinte sie.

Florians Mimik verriet Ivonne unmissverständlich, dass er davon nicht überzeugt war.

»Ich habe ein wenig im Internet recherchiert. Wir sprechen hier nicht von ein paar hundert Euro. So eine Anlage kostet, je nach Ausführung fünfundzwanzig- bis vierzigtausend Euro. Die Lohnkosten für so eine Investition am eigenen Haus kann man bis zu einem bestimmten Satz steuerlich geltend machen. Teilweise werden solche Sicherheitssysteme auch von der KfW Bank gefördert. Das geht auf jeden Fall nur mit einer Rechnung als Beleg für die Ausgaben.«

Florian war aufgestanden und lief aufgeregt zwischen Wohnzimmer und Küchenzeile hin und her. Dann stoppte er abrupt.

»Hat die Frau schon ihre Einkommensteuererklärung gemacht?«, fragte er Ivonne, ließ ihr jedoch keine Zeit für eine Antwort. »Garantiert hat sie das. Wahrscheinlich gar nicht selber, sondern über einen Steuerberater oder ein Lohnbüro. Ich würde wetten, da werdet ihr fündig.«

»Das werde ich gleich morgen früh überprüfen lassen. Vielleicht ist dies wirklich eine erste Gemeinsamkeit, die uns weiterbringt und auf die Spur des mutmaßlichen Täters führt.«

»Ihr geht auf jeden Fall von einem Mann aus?«

»Unbedingt«, bejahte Ivonne. »Zum einen sind die Opfer Frauen, das spricht für einen männlichen Täter.«

»Aber kann eine zu frühe Fokussierung auf nur einen Tatverdächtigen nicht zu erheblichen Pannen bei den Ermittlungen führen?«, fragte Florian.

Ivonne prustete los.

»Da hat sich aber einer schlau gemacht«, sagte sie lachend und Florian lief rot an.

»Hast du gestern Nacht eine Enzyklopädie über Ermittlungsarbeit von A-Z durchgelesen?«, fragte sie.

»Äh, nein, nur ein wenig im Netz recherchiert«, gab er zu.

»Aha, planst du einen Berufswechsel oder willst du mir meinen Job streitig machen?«, fragte Ivonne und verschränkte, als wäre sie beleidigt, die Arme vor der Brust.

»Nein, nein, ich wollte …«

Ja, was wollte er eigentlich? Jedenfalls nicht so dumm dastehen wie jetzt gerade.

»Also«, setzte Ivonne zu einer Erklärung an und lehnte sich wieder entspannt zurück, »eine Frau tötet eher aus Rache, Hass, enttäuschter Liebe, Eifersucht und ja auch Habgier. Doch meist ist es dann der Mann, der dran glauben muss. Zudem sind Frauen eher selten Serientäter. Ohne Frage, es gibt bestimmt auch Ausnahmen und ich wage mich vielleicht zu weit aus dem Fenster, aber ich lege mich fest, wir suchen einen männlichen Täter.«

»Was macht einen Täter eigentlich zu einem Serientäter?«

»Glaubt man dem Schweizer Psychiater C.G. Jung sind es gewöhnlich die Gequälten, die wieder andere quälen.«

»Du meinst, wir können davon ausgehen, dass der Mann als Kind ebenfalls misshandelt worden ist?«

Ivonne nickte.

»So paradox es sich anhören mag, aber es sind meist die Opfer, die dann selbst zum Täter werden. Und ich befürchte, er tut es auf die gleiche Art und Weise, wie er es erlebt hat.«

»Du meinst mit Stromschlägen?«

Florian schauderte bei dem Gedanken, dass ein wehrloses Kind mit Stromschlägen traktiert wurde. Was für eine grausame Art einen Menschen zu quälen!

»Als Erwachsene führen die Misshandelten dann – jedenfalls nach außen hin – ein ganz normales Leben, mit Frau, Kind und Hund«, fuhr Ivonne fort. »Deshalb sind sie so schwer zu fassen. Darum befragen wir oft das Umfeld. Meist erfahren wir so viel, viel mehr über den Menschen, als durch eine direkte Vernehmung.«

»Aber den Verdächtigen nehmt ihr doch trotzdem in die Mangel?«, fragte Florian verwirrt.

»Natürlich«, bestätigte Ivonne, »bei den Befragungen der Verdächtigen nutzen wir spezielle Verhörtechniken, um die Reaktionen des Befragten zu erfassen. Jedes Gespräch wird aufgezeichnet und anschließend analysiert. Die Körpersprache, Gestik, Mimik, all das verrät uns eine Menge über den Menschen auf der anderen Seite des Tisches. So erfahren wir weitaus mehr, als er uns eigentlich preisgeben will. Zuhören, aber vor allen Dingen beobachten, lautet die Devise.«

»Trotzdem dauert es wahrscheinlich oft sehr lange, bis ein Täter gefasst werden kann.«

Ivonne nickte und seufzte.

»So leid es mir tut, Florian, aber das ist die Realität. Meist hat der Täter bereits mehrfach zugeschlagen, bevor sich überhaupt ein Muster abzeichnet und eine Serie zu erkennen ist. Wenn er geschickt ist, kann das Jahre dauern.«

### Der goldene Käfig

Das gemeinsame Zuhause von Wolfgang und mir war und blieb ein Käfig, wenn auch ein goldener, aber trotzdem ein Käfig, in dem bereits kurz nach der Heirat eine Eiseskälte einzog, die ich nie für möglich gehalten hätte. Wolfgang entzog sich jeglicher zärtlichen Annäherung meinerseits. Gemeinsame Abende, wie andere Ehepaare sie verlebten, mit Gesprächen oder einfach nur gemütlich auf dem Sofa sitzend, gab es bei uns nicht.

Die Stunden nach dem Abendessen verbrachte mein Mann meistens in seinem Arbeitszimmer und wir gingen stets zu unterschiedlichen Zeiten ins Bett. Die Erledigung der ehelichen Pflichten erfolgte seitens meines Mannes zwar regelmäßig, jedoch ohne jeglichen Austausch von Zärtlichkeiten oder einer körperlichen Zuwendung.

Als wäre dies nicht schon demütigend genug, erwartete er eine ständig wachsende Bereitschaft meinerseits, seine immer abartigeren Spielchen mitzumachen und zu ertragen.

Er erniedrigte mich zu einer Gespielin, nein, zu einer reinen Sexsklavin, deren Hauptaufgabe es war, ihm das Ausleben seiner perversen Fantasien zu ermöglichen.

Nach außen hin spielten wir das glamouröse und glückliche Ehepaar, das von allen beneidet und zu jedem Event eingeladen wurde. Niemand wusste oder ahnte, was sich in Wirklichkeit hinter dem hohen Eingangstor und den verschlossenen Türen abspielte.

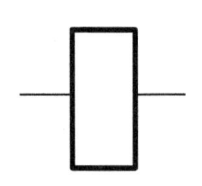

# Elftes Kapitel

»Sehen wir uns morgen?«, hatte Ivonne beim Abschied gefragt und Florian hatte wie selbstverständlich zugestimmt. Nun saßen sie erneut in Florians Wohnzimmer und Ivonne brachte ihn auf den aktuellen Stand der Ermittlungen bezüglich der Tatwaffe und des mutmaßlichen Tathergangs. Die KTU hatte die Bohrungen in der Sitzfläche des Stuhls untersucht und Reste eines Klebstoffes sichergestellt, mit der der Taser an der Unterseite befestigt worden war. Aber es war ein handelsübliches Produkt, das in jedem Baumarkt zu kaufen war.

»Kann man eigentlich einen Taser ebenso einfach erwerben?«, fragte Florian.

»Nichts leichter als das«, erwiderte Ivonne. »Mit einem Klick in den Warenkorb und zack frei Haus geliefert. Für Frauen klein und handlich in pink für die Manteltasche oder richtig dicke Kaliber für den ganzen Kerl. Kaum jemandem ist bewusst, dass die Benutzung im ungünstigsten Fall tödlich enden kann. Sie wollen sich ja nur verteidigen.«

Ivonne setzte das Wort verteidigen mit einer Geste ihrer Finger in Gänsefüßchen.

»Braucht es denn nicht einen Waffenschein oder so was?«

»Theoretisch schon, praktisch nicht kontrollierbar. Die Beantragung des Scheins liegt nicht in der Verantwortung der Hersteller oder dem Händler, sondern beim Käufer.«

»Das grenzt den Täterkreis nicht gerade ein.«

»Das nicht, aber einen Taser derart umzurüsten, dass er per Funk eingeschaltet werden kann, dafür muss man sich schon mit der Materie auskennen. Meine Kollegen von der KTU meinten, man könnte den Einschalter mit einem sogenannten IP Aktor aktivieren. Dieser wird mit einer Batterie betrieben, und kann dann über ein Netzwerk kontrolliert, also an und ausgeschaltet werden.«

»Und das funktioniert bis zu welcher Entfernung?«

»Je nach Gelände zwischen fünfzig und siebzig Meter. Der Täter könnte draußen im Garten, im Auto vor der Tür, wo auch immer, den Taser via Funksignal einschalten. Auf diese Weise kann er unerkannt im Hintergrund bleiben und sich ein Alibi für die Tatzeit verschaffen.«

»Aber wie wir bereits wissen, muss er nach der Tat noch mindestens einmal in die Wohnung, um seine Tatwaffe zu entfernen«, gab Florian zu bedenken und Ivonne nickte. »Wenn er dabei beobachtet wird, könnte es eng für ihn werden.«

»Da gebe ich dir Recht, aber ihm kann dann immer noch nicht nachgewiesen werden, wo er zur Tatzeit war. Ich denke, er lässt ausreichend Zeit verstreichen, um absolut sicher zu gehen, dass A, die Tat geklappt hat und B sein Alibi steht.«

»Ein Restrisiko besteht jedoch immer noch.«

»Absolut. Den perfekten Mord gibt es zum Glück nicht, das ist Utopie.«

»Jetzt müssen wir nur noch herausfinden, wie der Täter unbemerkt in die Wohnung seiner Opfer gelangt.«

»Richtig, und das bringt uns zurück zu deiner Entdeckung mit dem Sicherheitssystem der drei Häuser.«

»Du meinst…?«

Ivonne nickte.

»Auch in diese Richtung haben wir recherchiert. Wenn ein Sicherheitssystem installiert wird, gibt der Elektriker für Testzwecke seine Daten ein. Also seinen Finderabdruck zur Erkennung und sein Passwort für den Zugang. Nach der Übergabe an den Besitzer und werden diese Eingaben dann normalerweise gelöscht.«

»Oder eben nicht.«

Ivonne nickte erneut.

»Der Täter kann die Anlage sogar so programmieren, dass seine unerlaubten Zugriffe vom System nicht als solche erkannt werden.«

»Du machst Witze.«

»Leider nein, Welcome to your Smart Home.«

»Der Täter verfügt also quasi über einen elektronischen Dietrich«, murmelte Florian ungläubig.

»Wenn du es so nennen willst«, meinte Ivonne und lächelte. »Aber viel wichtiger ist, er muss sich absolut auskennen. So eine komplette Anlage zu installieren und zu programmieren erfordert einiges an Fachwissen. Sobald wir ermittelt haben, wer die Anlagen installiert hat, sind wir hoffentlich einen großen Schritt weiter. Und bis dahin erstellt uns ein Kollege vom LKA anhand der bisherigen Erkenntnisse und der Vorgehensweise des mutmaßlichen Täters ein Täterprofil.«

»Ihr bekommt Unterstützung von einem Profiler?«, fragte Florian und Ivonne bejahte.

»Eigentlich sprechen wir in Deutschland von einem polizeilichen Fallanalytiker, aber im Grunde hast du Recht.«

»Und der hilft euch dann dabei, den Täter zu suchen?«

»Nicht direkt, aber durch seine Analyse erhalten wir noch mehr Informationen über den Charakter. Er sucht nach Parallelen, gleichen Vorgehensweisen und Mustern, und versucht aus dem Verhalten des Täters, wenn ich das so ausdrücken darf, eine Botschaft herauszulesen.«

»Ich bin krank, sperrt mich ein! Das lese ich aus dieser Botschaft«, sagte Florian und schüttelte den Kopf.

Ivonne schwieg einen Moment, bevor sie fortfuhr.

»Die Verhaltensmuster des Täters geben uns Hinweise auf sein tägliches, wenn du so willst, normales Leben. Beschäftigen wir uns mit der Vergangenheit des Täters, können wir Rückschlüsse ziehen, auf die Lebensweise im hier und heute.«

»Verändert sich denn die Persönlichkeit eines Menschen nicht im Laufe seines Lebens?«, fragte Florian.

»Im Wesentlichen nicht«, entgegnete Ivonne, »doch wenn überhaupt, dann verstärken sich leider meist gerade die negativen Charaktereigenschaften.«

»Was ich mich die ganze Zeit frage, ist, warum es gerade diese Frauen waren, die sich der Täter ausgewählt hat. Oder war es reiner Zufall?«

»Diese Frage haben wir uns natürlich bereits während der ersten Ermittlungen gestellt. Was hat das Opfer für den Täter interessant gemacht und wie ist daraus eine Beziehung entstanden? Wir haben Listen erstellt und die Personendaten verglichen. Alles was wir wissen, ist, dass es Frauen waren, unterschiedlichen Typs, alleinstehend, kinderlos, berufstätig, recht erfolgreich, finanziell unabhängig, wenig soziale Kontakte, kleiner Freundeskreis, kaum bis gar nicht in den sozialen Netzwerken aktiv.«

»Außerdem waren sie kurz vor oder bereits in der Menopause. Sie waren nicht unattraktiv, hielten sich fit und achteten auf ihr Äußeres«, ergänzte Florian.

»Da spricht der Mediziner und Fachmann«, sagte Ivonne und lehnte sich amüsiert zurück.

»Was?«, erwiderte Florian grinsend. »Ist doch wahr. Im Grunde eine ideale Partnerin für gewisse Stunden. Keine die ausgehalten werden muss, keine die Kinder haben möchte oder die aus Versehen schwanger werden kann. Geradezu perfekt.«

»Na klar, und am Ende abserviert und auf zur nächsten.«

Ivonne verstummte zu spät.

»Äh, so meinte ich das natürlich nicht«, stammelte sie.

»Schon gut«, meinte Florian, »ich ja auch nicht, aber vielleicht denkt der Täter genauso. Er zieht seinen Nutzen aus der Beziehung und, sobald er sein Ziel erreicht hat, wendet er sich ab.«

»Aber warum muss er sie töten? Warum beendet er die Beziehungen nicht einfach?«

»Weil sie ihm gefährlich werden könnten? Weil sie drohen, alles seiner Frau zu beichten?«

Ivonne schüttelte den Kopf. »Das reicht mir als Motiv nicht.«

Florian überlegte.

»Du sagtest, die Frauen waren allesamt finanziell unabhängig. Waren sie vermögend?«

»Einigermaßen, keine Millionärinnen, aber ganz gut aufgestellt.«

»Könnte dort das Motiv liegen?«

»Du meinst, er hat Geld von ihnen bekommen und am Ende haben sie es zurückverlangt?«

»Bei Geld hört die Freundschaft bekanntlich auf.«
*Und die Liebe allemal*, ergänzte Ivonne in Gedanken, denn das hatte sie selbst am eigenen Leib erfahren müssen, und sie hatte reichlich Lehrgeld dafür bezahlt. Blind vor Liebe war sie damals gewesen, Anfang zwanzig, und so verdammt dumm. Dabei hätte sie gewarnt sein müssen. Sein Ruf war dem jungen Mann, der ihr den Kopf verdreht hatte, vorausgeeilt. Schnelle Autos, coole Klamotten und jedes Wochenende Big Party, das war alles was Nico interessierte, und natürlich alles auf Pump. Dass dieses wackelige Kartenhaus früher oder später in sich zusammenfallen würde, war abzusehen. Ivonne jedoch hatte es nicht sehen wollen, wie dieser Lebensstil sie beide unweigerlich in eine private Insolvenz führen würde. Sie war immer noch der Meinung, dass es nur der richtigen Frau an Nicos Seite bedurfte, um den jungen Mann auf den richtigen Pfad zu führen.

Das Erwachen aus diesem Traum einer gemeinsamen Zukunft kam einem Schlag mit dem Vorschlaghammer gleich. Von einem Tag auf den anderen war Nico verschwunden, mitsamt der gesamten Hightech Ausstattung ihrer viel zu großen und viel zu teuren Wohnung, an dessen Tür am nächsten Morgen der Gerichtsvollzieher klopfte. Ivonne hatte Jahre gebraucht, um den Schuldenberg, der sich angehäuft hatte abzuarbeiten.

»Houston we have a problem«, meinte Florian.

»Bitte?«, entgegnete Ivonne verwirrt.

»Willkommen zurück, von wo du auch immer gerade warst.«

»Das willst du nicht wissen.«

»So schlimm?«

»So verdammt lang her.«

»Also verjährt?«
Ivonne lachte.
»Könnte man so sagen.«

## Callboy

Es war die schönste Nacht meines Lebens. Und sie ist jeden verdammten Cent wert gewesen. Der Callboy, den ich mir im Internet ausgesucht hatte, übertraf alle meine Erwartungen. Vielleicht lag es auch einfach nur daran, dass sich mein, über Jahre misshandelter Körper, nach jeder Art von Zärtlichkeit und Zuwendung sehnte, die er daheim niemals bekam. Zuhause, wo der Akt entweder nur lieblos wie eine lästige Pflicht ausgeübt wurde oder mit Schmerzen einherging, die mir keinerlei Vergnügen bescherten.

Für einen Moment lang hatte ich ein schlechtes Gewissen gegenüber dem Callboy, da ich ihn aus nur einem ganz speziellen Grund gebucht hatte. Während er ins Bad ging um zu duschen, fischte ich das benutzte Kondom aus dem Papierkorb des Hotelzimmers und verstaute es in meiner Handtasche, direkt neben einem kleinen Handwärmer.

Nachdem sich mein Toyboy mit einem letzten zärtlichen Wangenkuss verabschiedet und die Tür hinter sich in Schloss gezogen hatte, holte ich es wieder hervor, löste den Knoten und zog den Inhalt in eine kleine Plastikspritze. Auf dem Rücken liegend und mit angewinkelten Beinen, wartete und hoffte ich, dass der noch warme Samen in meinem Körper auf fruchtbaren Boden fiel und mir meinen sehnlichsten Wunsch endlich erfüllen würde.

## *2006*

*Der Händedruck des Arztes war fest und sein Schulterklopfen kameradschaftlich tröstend gemeint. Die Diagnose stand unmissverständlich fest, ich war zeugungsunfähig. Vielleicht eine Folge der Misshandlungen, die ich als Kind erfahren hatte?*
*Die Ursache lag im Dunkeln, vielleicht eine Laune der Natur. Ich setzte den von mir erwarteten geschockten Gesichtsausdruck auf, und bedankte mich höflich bei dem Gott in Weiß für seine Anteilnahme. Auf dem Weg zum Auto konnte ich mein Grinsen kaum noch unterdrücken. Der Befund erlöste mich von dem schier unbändigen Wunsch meiner Frau, endlich eine richtige Familie zu gründen. Eine Familie, das ich nicht lache! Unsere Verlobung unsere Heirat, alles war von Anfang an ein Deal zwischen unseren Vätern gewesen, Nicole und ich waren nur die Statisten!*

*Eine neue Lagerhalle und ein großes Grundstück für das gemeinsame Haus war der Preis gewesen, zu dem sie an mich verkauft worden war.*

*Ich parkte den Wagen und bemerkte das Auto meiner Mutter in der Auffahrt. Was wollte sie denn schon wieder hier? Ihre wöchentlichen Besuche nervten mich total. Kaum hatte ich die Haustür geöffnet und den Autoschlüssel ans Schlüsselbrett gehängt, da kam sie mir auch schon freudestrahlend und mit weit ausgebreiteten Armen entgegen. »Mein Junge, ich habe es gerade erst von deiner Frau erfahren. Ihr seid guter Hoffnung! Meinen herzlichsten Glückwunsch!«*

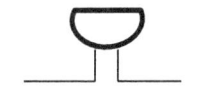

## Zwölftes Kapitel

Bingo! lautete Ivonnes kurze WhatsApp am Dienstagvormittag. Florian ballte die Fäuste und konnte ein lautes »Yes!« nicht unterdrücken.

»Gute Nachrichten?«, fragte sein Kollege, der gerade den Kopf durch die Tür steckte, als Florian seiner Begeisterung über den Ermittlungserfolg lautstark Ausdruck verlieh.

»Äh, ja. Sehr gute, hoffe ich«, antwortete er verlegen.

»Ich will gerade zum Bäcker gegenüber, soll ich dir etwas mitbringen?«, bot ihm der Kollege an.

»Das ist nett, aber nein, danke.«

Florian war viel zu nervös, um etwas zu essen. *Bingo!* Hieß das, dass Ivonnes Team bei der Durchsicht der Steuererklärung auf einen Beleg über die Installation des Sicherheitssystems gestoßen war? Somit wären sie in der Lage, den entsprechenden Handwerksbetrieb ausfindig zu machen. Und hatte dieser auch die anderen beiden Systeme installiert? Gab es endlich die eine Gemeinsamkeit, die ausschlaggebende Verbindung zwischen den drei Opfern, die Ivonne und ihr Team auf die Spur des Täters bringen würde? Hatten sich bei der Überprüfung der Vermögenswerte Unregelmäßigkeiten ergeben, die ihre Abzockthese bestätigte? Oder hatten sie den Täter sogar schon verhaftet?

Alles weitere heute Abend, blinkte es in diesem Moment auf seinem Display und Florian befürchtete, dass die folgenden Stunden die längsten seines Lebens werden würden.

Tatsächlich war Ivonne bei der Überprüfung der Steuerunterlagen des dritten Opfers auf einen Beleg der Fa. Schuermann Elektrotechnik gestoßen und hatte sich zusammen mit einem Kollegen sogleich auf den Weg zum Firmensitz des Unternehmens gemacht.

»Holtkämper«, stellte sie sich vor und ließ ihren Rang vorerst unerwähnt. Sie wollte abwarten, wie sich das Gespräch entwickelte.

»Mein Kollege Schumacher. Guten Tag Herr Schuermann. Danke, dass Sie sich Zeit nehmen für uns«, begann Ivonne und lächelte dabei unverbindlich, während sie ihr Gegenüber genau beobachtete. Wirkte er nervös, gelassen, souverän? War er überrascht über ihren Besuch? Hegte er Sympathien gegenüber der Polizei oder fühlte er sich bedroht durch ihr Erscheinen? Zunächst war er ausgesprochen höflich und zuvorkommend und bot ihnen einen Platz an.

»Was kann ich für Sie tun?«, fragte er mit einem breiten, offenen Lächeln und versuchte, echtes Interesse in seinen Blick zu legen. Ganz der brave Bürger, der die Polizei bei ihrer wichtigen Aufgabe unterstützen will. Ivonne hielt ihm eine Kopie der Rechnung über die Installation des Sicherheitssystems in der Wohnung des dritten Opfers hin und beobachtete seine Reaktion, während er das Schreiben aufmerksam betrachtete. Für einen winzigen Moment meinte sie, Panik in seinen Augen aufblitzen zu sehen, doch Herr Schuermann hatte sich sofort wieder im Griff.

»Ja, die Anlage haben wir installiert«, bestätigte er. »Ist etwas nicht in Ordnung mit ihr? Funktioniert sie nicht? Gab es Beschwerden? Das kann ich mir eigentlich überhaupt nicht vorstellen. Der Hersteller dieses Systems legt großen Wert auf … «

Ivonne schüttelte den Kopf und unterbrach den Redefluss ihres Gesprächspartners.

»Haben Sie die Anlage persönlich eingebaut?«

»Frau ...äh ...?«

»Holtkämper«, half sie ihm aus.

Ivonne ärgerte es, dass er ihren Namen schon nach wenigen Sekunden wieder vergessen zu haben schien.

»Frau Holtkämper, schauen Sie sich um«, sagte Schuermann und zeigte auf seinen Schreibtisch. »Meinen Sie im Ernst, ich würde noch die Zeit haben, selbst vor Ort tätig zu werden?«

Er lächelte süffisant und Ivonne konnte ihre wachsende Abscheu gegenüber diesem Großkotz, der er in ihren Augen war, kaum noch verbergen.

»Dann werden Sie sicher nichts dagegen haben, uns den Namen des Mitarbeiters zu nennen, der den Auftrag ausgeführt hat.«

»Natürlich«, erwiderte er immer noch lächelnd, wenn auch eine Spur kühler, »bedauerlicherweise ist die Dame aus der Buchhaltung gerade heute nicht im Büro. Sie könnte Ihnen den entsprechenden Stundenzettel sicherlich raussuchen.«

Er zuckte unschuldig mit den Schultern und sein »Tut mir leid, da muss ich Sie auf morgen vertrösten« triefte vor Scheinheiligkeit. Er wusste, dass Ivonne ohne einen Durchsuchungsbeschluss keinerlei Handhabe hatte, sich selbst auf die Suche nach den entsprechenden Belegen zu machen.

Ivonne hütete sich davor, in die Falle zu tappen und ihn darum zu bitten, um sich eine Absage abzuholen. Diesen Erfolg gönnte sie ihm nicht.

»Dann lasse ich Ihnen meine Visitenkarte da. Ich baue darauf, dass mir Ihre Mitarbeiterin gleich morgen Vormittag die Unterlagen per E-Mail zusenden wird.«
»Selbstverständlich.«

## 2007

*Mit dem ersten Atemzug unseres Sohnes galt unsere Abmachung. Nicole würde mir die Anteile an der Firma ihres Vaters überschreiben. Noch im Krankenhaus ließ ich meine Frau die entsprechenden Vollmachten und Dokumente unterzeichnen, die mein Anwalt vorbereitet hatte. Im Gegenzug würde ich den schreienden Bastard, den mir die Hebamme im Kreissaal mit einem »Herzlichen Glückwunsch« in die Arme gelegt hatte, als mein Kind anerkennen. Damit war das inoffizielle Ende einer, von vornherein zum Scheitern verurteilter Ehe besiegelt, die wir fortan nur noch zum Schein und auf dem Papier führten. Würde mir Nicole ein weiteres Kuckucksei ins Nest legen, wäre die getroffene Vereinbarung hinfällig und ich würde sie samt ihren Kindern aus dem Haus jagen. Ich fühlte mich befreit und begann, erneut meine Passion für besondere Liebesspiele auszuleben.*

## Mein Baby

Das kleine runzelige Etwas, das mir die Hebamme im Krankenbett an die Brust legte, eroberte mein Herz im Sturm. Diese dreitausend Gramm, verteilt auf winzige fünfzig Zentimeter entschädigten mich für alles, was ich bisher in meiner Ehe erdulden musste. Und ich war gerne bereit dafür zu bezahlen. Sollte Wolfgang ruhig meine Anteile bekommen. Jetzt hatte ich etwas, was nur mir ganz alleine gehörte. Und ich würde es hüten wie meinen Augapfel.

»Was für ein aalglattes, arrogantes Arschloch«, schimpfte Ivonne und ließ sich auf Florians Sofa fallen. Sie hatte sich nach dem Besuch in dem Handwerksbetrieb über die Firma Schuermann schlau gemacht und war anschließend direkt zu Florians Wohnung gefahren. Nun berichtete sie ihm nun von ihrem ereignisreichen Arbeitstag und der Befragung von Herrn Schuermann.

»Der hat Dreck am Stecken, das spüre ich«, stieß sie immer noch wütend hervor.

»Habt ihr ihn, wie sagt man, durchleuchtet?«, meinte Florian und setzte sich neben sie.

»Von oben nach unten, von links nach rechts.«

»Und?«

»Erfolgreicher Geschäftsmann, mittlerer Betrieb, zehn Angestellte, verheiratet, ein Sohn. Großer Wohltäter der Stadt, Mitglied in unzähligen Fördervereinen, Sponsor des örtlichen Jugend-Fußballvereins, häufig in der Presse bei Charité-Veranstaltungen. Er hat die Renovierung der alten Stadthalle gesponsert.«

»Also, ein absoluter Gutmensch.«

»Genau.«

»Das stinkt zum Himmel, meinst du.«

»Meilenweit«, bestätigte sie. »Hier ist ein Dossier über ihn, falls ich etwas vergessen habe zu erwähnen.«

Florian nahm den Hefter entgegen und blätterte durch die Ansammlung von Zeitungsberichten und Informationen über den Handwerksmeister und seinem familiären Umfeld.

»Hier steht, er hat den Betrieb vor sieben Jahren von seinem Vater übernommen, nachdem dieser an Herzversagen gestorben ist. Zufall?«

»Der Senior hatte einen Herzschrittmacher«, meinte Ivonne, »vielleicht war es nur eine Frage der Zeit ...«

»Nicht unbedingt«, widersprach Florian, »die Aufgabe des Schrittmachers ist es einzuspringen wenn der Herzmuskel aus dem Takt gerät. Er schockt das Herz quasi. Andererseits ist der Schrittmacher sehr empfänglich für Einflüsse von außen.«

»Du meinst, er ist manipulierbar?«

»Leider ja, er kann Leben retten oder es beenden.«

»Und wie manipuliert man einen Schrittmacher?«

»Nun, ein starker Magnet nahe genug an den Mann herangebracht, kann die Funktion des Gerätes empfindlich stören.«

»Das würde bedeuten, dass unser Hauptverdächtiger seine mörderische Laufbahn schon viel früher begonnen hat.«
»Mit dem Mord an seinem Vater.«
»Der nicht als solches erkannt wurde. Wie leider sehr oft bei derartigen Vorerkrankungen.«
»Und so kam er ungestraft davon.«
»Das bestärkte ihn darin, immer weiterzumachen.«
»Er fühlte sich unangreifbar.«
»Der Entscheider über Leben und Tod.«
»Dann wäre die Frau bereits sein viertes Opfer.«

»Stopp!«, beendete Ivonne ihren Schlagabtausch, auch wenn ihr alles vollkommen logisch erschien. »Das alles basiert auf der Annahme, dass Schuermann Senior keines natürlichen Todes gestorben ist. Wir haben bis jetzt keinerlei Beweise dafür, dass sein Sohn, auf welche Art und Weise auch immer, seine Hände im Spiel hatte.«
»Richtig«, musste auch Florian eingestehen. Er hatte sich mitreißen lassen und fast vergessen, dass ihre Schlussfolgerungen nur auf dieser einer Annahme fußten.

»Unabhängig davon, ob die Frau das dritte oder vierte Opfer ist, bin ich mir ziemlich sicher, dass Herr Schuermann unser Mann ist«, sagte Ivonne und strich sich eine widerspenstige Strähne aus der Stirn. »Noch habe ich kein endgültiges Profil von unserem Analytiker, aber ich… ich kann es nicht erklären, ich spüre es förmlich. Bei der Befragung heute Nachmittag hatte er sich zwar gut unter Kontrolle, aber ich bin überzeugt davon, dass er die Frauen kennt, und zwar alle drei. Ich hatte den Namen der Frau ihm gegenüber nicht erwähnt, sondern ihm nur die Rechnung überreicht.

Aber ich habe gesehen, wie sein Blick an der Adresse hängenblieb und er einen Moment die Luft anhielt. Er ist es, wir müssen es ihm nur noch beweisen.«

»Er wird so schlau sein und jeglichen Kontakt, der über die reine Geschäftsbeziehung hinaus geht leugnen. Es wird schwer sein, es ihm zu beweisen. Zumal die beiden sich anscheinend niemals gemeinsam in der Öffentlichkeit gezeigt haben.«

»Ich weiß«, sagte Ivonne und rieb sich die Schläfen. Sie konnte ein Gähnen nicht unterdrücken.

»´ntschuldigung«, meinte sie.

»Quatsch, es war ein langer Tag«, erwiderte Florian und rieb sich ebenfalls die Augen.

»Morgen erfahrt ihr den Namen des Mitarbeiters. Nach dessen Verhör seid ihr bestimmt einen großen Schritt weiter.«

»Hoffentlich«, antwortete sie, aber daran glaubte sie nicht wirklich. Für sie stand der Hauptverdächtige bereits fest.

## *2013*

*Mein ganzes Leben lang stand ich unter der Fuchtel meines Vaters. Er hat mich misshandelt, traktiert, gequält, mir meine Kindheit gestohlen und meine Jugend zur Hölle gemacht. Er ignorierte meine Wünsche und trat meine Gefühle mit Füßen. Vor zehn Jahren bin ich in seinen Betrieb eingestiegen und dennoch spielt er bis heute den Chef, obwohl er das schon lange nicht mehr ist.*

*Die Mitarbeiter haben längst begriffen, woher der Wind weht, nur mein Vater will es einfach nicht wahrhaben. Der alte sture Bock, der an seinem Sessel klebt, als hätte ihn jemand mit Holzleim bestrichen. Nicht einmal Mutters Tod oder sein Herzinfarkt im letzten Herbst halten ihn davon ab, sein Büro zu räumen und mir endlich auch offiziell die Leitung des Betriebes zu übergeben.*

*Er hat Angst vor dem leeren Haus, in das er jeden Tag nach der Arbeit zurückkehren muss. Frau Kleinert, seine Chefsekretärin, würde diese Lücke nur allzu gerne füllen, aber das wäre unter seinem Niveau. Dabei würde sie alles für ihn tun. Sie hatte nie geheiratet und nicht einen Tag im Betrieb gefehlt. Ob sie sich nach Mutters Tod noch mehr Chancen ausgerechnet hatte, die neue Frau an seiner Seite zu werden, blind vor Liebe wie sie war?*

*Sie wird die erste sein, die ich feuere, sobald ich den Chefsessel innehabe, und heute werde ich dem Schicksal ein wenig auf die Sprünge helfen. Meine Hand umschließt den leistungsstarken Magneten, den ich in meiner Hosentasche bei mir trage. Ich klopfe an die Bürotür und trete ein.*
   *»Hast du einen Moment, Vater?«, frage ich, denn viel länger werde ich nicht brauchen.*

## Am Ziel

Wolfgangs Trauer über den plötzlichen Herztod seines Vaters war nur gespielt. Verborgen hinter seiner scheinheiligen Fassade des tief betroffenen Sohnes sah ich die Genugtuung in seinem Blick. Endlich war mein Mann am Ziel seiner Träume. Endlich war er der Chef und musste niemanden mehr um Erlaubnis fragen. Von nun an konnte er alle Entscheidungen selber treffen.

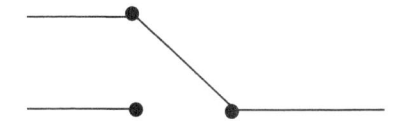

# Dreizehntes Kapitel

»Und?«, fragte Florian Ivonne am nächsten Tag. Sie hatten sich in der Mittagspause in der Bäckerei gegenüber der Klinik verabredet, da Ivonne ihm versprochen hatte, ihn nicht wieder so lange auf die Folter zu spannen, wie am Vortag.

»Der Stundenzettel war von einem Mitarbeiter unterschrieben worden, dem ich nicht einmal zutraue, dass er sich die Schnürsenkel binden kann.«

»Wie bitte?«, fragte Florian erstaunt.

»Entschuldige, das war jetzt politisch vielleicht nicht ganz korrekt, aber ehrlich. Ich habe mit dem Mann gesprochen. Er schien mir nicht die hellste Kerze auf der Torte zu sein.«

»Du meinst, die Installation einer so komplexen Anlage hätte seinen Horizont definitiv überschritten?«

Ivonne nickte.

»Das hast du jetzt sehr höflich formuliert. Dieser Toni ist eine absolute Dumpfbacke. Er konnte sich auch gar nicht genau an die Baustelle erinnern. Es wäre schon zu lange her. Wenn du mich fragst, weiß der schon am nächsten Tag nicht mehr, was er einen Tag zuvor gemacht hat. Der ist maximal Handlager, Werkzeugreicher oder HONK. Nie im Leben installiert und programmiert der ein komplettes Sicherheitssystem.«

»Also wieder Fehlanzeige?«, sagte Florian und konnte seine Enttäuschung nicht verbergen, doch Ivonne sah das ganz anders.

»Nein, das bestärkt mich nur in meiner Annahme, dass wir auf der richtigen Spur sind. Stundenzettel kann man fälschen. Der Angestellte würde alles unterschreiben, was der Chef ihm vorlegt. Er will ja seinen Job nicht verlieren.

Vielleicht war er ja auch tatsächlich dabei, aber eben höchstens als Strippenzieher. Nein, ich bleibe dabei. Herr Schuermann steht auf meiner Liste der Tatverdächtigen ganz weit oben. Übrigens«, fuhr Ivonne fort, »nach deinem Tipp haben wir auch beim Finanzamt die Steuererklärungen der letzten Jahre der beiden ersten Opfer überprüft. Also, ob sie die Lohnkosten für die Modernisierungsmaßnahme steuerrechtlich geltend gemacht haben.«

»Und, haben sie?«, fragte Florian und Ivonne bejahte.

»Da das Finanzamt die Unterlagen mindestens zehn Jahre aufbewahrt sind wir fündig geworden.«

»Lass mich raten, es war jedes Mal die Firma Schuermann.«

»Du sagst es.«

»Mein Gefühl«, fuhr Ivonne wieder ernster fort, »sagt mir, dass wir auf dem richtigen Weg sind. Herr Schuermann kennt sich in der Materie aus, er hätte sich unbemerkt Zugang zu den Wohnungen verschaffen können. Jetzt müssen wir ihm noch nachweisen, dass er persönlichen Kontakt zu allen drei Frauen gehabt hat. Das wir auch die anderen Rechnungen haben, werden wir vorerst nicht kommunizieren. Diese Info behalten wir bis auf weiteres als Trumpf im Ärmel. Dann haben wir noch ein Druckmittel gegen ihn. Ich werde mich weiter im Umfeld von Herrn Schuermann umhören. Diesen Fisch lasse ich nicht mehr von der Angel. Ich spüre, dass mit dem etwas nicht stimmt, und ich werde es herausfinden. Für heute Nachmittag plane ich einen unangekündigten Besuch bei seiner Frau. Mal sehen, was ich dort erfahre.«

## Vollwaise

Es ist der Tag der Beerdigung meines Vaters. Fast auf den Tag genau vor zwei Jahren war bereits meine Mutter verstorben und hatte mich allein mit den zwei Männern zurückgelassen, die mich zutiefst verachteten. Nun war ich ganz offiziell eine Vollwaise. Gefühlt war ich dies seit jener verregneten und unheilvollen Nacht.

Seit dem Unfalltod meines Bruders Michael hasste mein Vater mich. In all den Jahren, die seitdem vergangenen sind, hatten wir es nicht geschafft, wieder zueinander zu finden. Immer standen seine Vorwürfe zwischen uns, wie eine feste Mauer, die für die Ewigkeit gebaut und unüberwindbar war. Nicht einmal die Geburt seines einzigen Enkelkindes konnte ihn gnädig stimmen. Und nun, sogar noch nach seinem Tod, versetzte er mir den letzten Stich, indem er mich testamentarisch nicht berücksichtigte. Der Gewinn aus dem Verkauf meines Elternhauses floss in das Unternehmen meines Mannes. Jeder Euro, bis auf den letzten Cent. Ich war mittellos, arm wie eine Kirchenmaus. Finanziell abhängig von einem Ehemann, der mir ein monatliches Taschengeld für Kleidung, Schmuck und Make Up gewährte, und mich ansonsten an der kurzen Leine hielt.

Vaters einziges Entgegenkommen war das Treuhandkonto, das er für seinen Enkel Tobias angelegt hatte. Auszahlung fällig zu dessen 21. Geburtstag. Hätte er dies auch getan, wenn er gewusst hätte wer dessen leiblicher Vater war?

Eine Stunde später drückte Ivonne den Knopf der Gegensprechanlage am Tor zum Privathaus des Unternehmers. Das Haus mit der Nummer einhundertachtzig lag, vor den neugierigen Blicken der Nachbarn verborgen, etwa in der Mitte des gut zweitausend Quadratmeter großen Grundstückes am Rande der Stadt. Es war komplett eingezäunt und mit der neuesten Sicherheitstechnik ausgestattet. Ivonne entdeckte gleich mehrere Kameras, die sowohl das Tor als auch die Zufahrt zum Haus überwachten.

»Ja, bitte?«, ertönte eine Frauenstimme aus dem Lautsprecher, der sich gleich neben dem Klingenknopf befand.

»Holtkämper, Polizei. Frau Schuermann, ich hätte ein paar Fragen an Sie. Hätten Sie kurz Zeit für mich?«

Der Lautsprecher blieb stumm.

»Frau Schuermann?«, hakte Ivonne nach.

»Ist etwas mit meinem Sohn?«

»Nein, nein. Es ist reine … Routine«, log Ivonne.

Das schmiedeeiserne Schiebetor öffnete sich und fuhr nahezu lautlos zur Seite.

»Holtkämper«, wiederholte Ivonne und hielt der Frau, die ihr die große Haustür öffnete ihren Dienstausweis entgegen.

»Mein Mann ist nicht da«, begann Frau Schuermann und schaute sich unsicher um. »Worum geht es überhaupt? Ich weiß gar nicht, ob ich mit Ihnen reden darf …äh … sollte.«

»Es geht nur um ein paar allgemeine Fragen«, versicherte ihr Ivonne schnell und lächelte sie offen an.

Ivonne hoffte inständig, ihr Gegenüber würde jetzt nicht dicht machen und sich in ihr Schneckenhaus zurückziehen. Der Ermittlerin war bewusst, dass sie sich hier auf sehr dünnem Eis befand. Es gab weder einen konkreten Anlass und noch eine gesetzliche Grundlage, für eine Befragung der Ehefrau zu den Geschäften ihres Mannes. Ein Misserfolg würde den gesamten bisherigen Ermittlungserfolg in Gefahr bringen. Sicherlich würde die Frau ihrem Mann über Ivonnes Besuch berichten, und was, wenn dieser dann eine offizielle Beschwerde gegen sie einreichte? Auf jeden Fall wäre er dann vorgewarnt und sie musste sich ihre nächsten Schritte sehr wohl überlegen. Trotzdem ging Ivonne dieses Wagnis ein, auch wenn sie dafür einen Rüffel ihres Vorgesetzten oder des Staatsanwaltes riskierte. Ivonne wollte, nein, sie musste mehr über Herrn Schuermann herausfinden. Auch wenn ihr das Ganze mächtig um die Ohren fliegen würde, wenn sie mit ihren Vermutungen völlig falsch lag, und man sich dann, vollkommen zu Recht, über sie beschwerte.

»Darf ich reinkommen?«, fragte sie daher höflich. »Ich verspreche ihnen, es dauert wirklich nicht lang.«

Ivonne spürte wie ihr Gegenüber sich versteifte und ihre Bitte am liebsten abgelehnt hätte, doch dann trat Frau Schuermann einen Schritt zur Seite und ließ die Kommissarin eintreten.

»Bitte warten Sie hier einen Moment. Ich ziehe mir etwas über.«

Ivonne schaute sich in dem großen Flur um, der eher einer Eingangshalle glich. Nahezu ihre komplette Wohnung hätte hier reingepasst. *Was für eine Platzverschwendung*, dachte Ivonne und schüttelte den Kopf.

»Bitte hier entlang«, sagte Frau Schuermann und Ivonne folgte ihr in die Wohnküche, die ebenfalls riesige Ausmaße hatte.

»Möchten Sie einen Kaffee?«

»Sehr gern«, erwiderte Ivonne und beeilte sich ein Kompliment hinterher zuschicken, damit sie einen guten Gesprächsstart hatten. »Sehr schön haben Sie es hier.«

»Danke. Ja, das Haus ist ein Traum.«

»Und das Grundstück ebenfalls. Tolle Lage, nahe bei der Stadt, aber trotzdem mitten in der Natur.«

»Es gehörte meinen Eltern. Sie haben es meinem Mann zur Hochzeit geschenkt. Nehmen Sie Zucker? Milch?«

»Ja bitte, beides.«

Sie nahmen am Esstisch Platz, an dem gut und gerne zehn Personen Platz finden würden. Frau Schuermann nahm einen kleinen Schluck und schaute durch die bodentiefen Fenster in den Garten. Ivonne folgte ihrem Blick. Hinter der Terrasse fiel das Grundstück leicht ab. Auf der Hälfte befand sich ein Pool, an dessen unteren Ende eine große Holzhütte stand, die wie ein Gästehaus aussah. Der Garten musste von einem Landschaftsgärtner angelegt worden sein. Nichts war dem Zufall überlassen, alles war perfekt aufeinander abgestimmt und harmonierte miteinander.

Ivonne nahm ebenfalls einen kleinen Schluck Kaffee und nutzte die Gelegenheit, ihr Gegenüber unbemerkt zu beobachten. Frau Schuermann war attraktiv, ihr Äußeres gepflegt, das Make Up und die Frisur tadellos, die Kleidung teuer, der Schmuck ebenfalls. Das Klischee einer reichen Unternehmergattin – shoppen und relaxen als Lebensinhalt – zu hundert Prozent erfüllt. Ivonne schüttelte leicht den Kopf.

Niemals, unter keinen Umständen, würde sie so ein Leben führen wollen, auch wenn sich dadurch der Traum ihrer Eltern endlich erfüllen würde. In diesem Moment wandte sich Frau Schuermann ihr zu. Auch wenn sie lächelte, hatte Ivonne noch nie zuvor in dermaßen traurige Augen geschaut.

## Vierzehntes Kapitel

»Wie ist das Gespräch mit Frau Schuermann gelaufen? Hast du etwas Neues erfahren?«, wollte Florian wissen.

»Ja und nein.«

»Aha«, meinte Florian irritiert und runzelte die Stirn.

»Auf den ersten Blick erfüllt sie alle Klischees einer Unternehmergattin, die ein sorgenfreies, von allen beneidetes Leben führt.«

»Aber ...«

»Sie ist totunglücklich in ihrem goldenen Käfig. Nicht dass sie das gesagt hätte, nein«, Ivonne hob die Hände, »es ist vielmehr das, was sie nicht gesagt hat. Sie sprach fast ausschließlich von ihrem Mann, dem Erfolg des Unternehmens, die viele Arbeit und die Verantwortung gegenüber den Angestellten. Über sein Engagement, seine Ehrenämter. Es war, als würde sie selbst gar nicht existieren. Als gäbe es sie ausschließlich als hübsches Anhängsel von Herrn Schuermann. Nur als wir auf ihren Sohn zu sprechen kamen, blühte sie kurzzeitig förmlich auf, um danach umso trauriger zu werden.«

»Warum, ist er...?«

»Er geht in ein Internat.«

»Ach so«, sagte Florian erleichtert. Er hatte Schlimmeres befürchtet.

Ivonne wirkte abwesend und Florian führte dies auf die langen Abende und die vielen Stunden zurück, die sie nun schon fast ununterbrochen an den Fällen arbeitete.

»Du solltest dir mal eine Pause gönnen«, sagte er und holte eine Tüte Chips hinter dem Sofa hervor.

»Woher wusstest du...?«, wollte Ivonne wissen.

»Dass das deine Lieblingssorte ist?«, fragte Florian und grinste. »Ich bin halt auch ein gar nicht so schlechter Ermittler. Hier, schenke ich dir. Die darfst du ganz alleine auf...«

»DAS IST ES!«, unterbrach Ivonne ihn und schlug sich mit der flachen Hand vor die Stirn.

»Äh...was?«

»Frau Schuermann hat gesagt, *»Sie haben es meinem Mann zur Hochzeit geschenkt.«* Verstehst du Florian? Ihm, nicht ihnen beiden!«

»Was, eine Tüte Chips?«, flachste Florian.

»Quatsch, du Blödmann. Das riesige Grundstück, am Stadtrand, gut zweitausend Quadratmeter groß. Das ist heute Millionen wert.«

»Das war doch sehr nett, von den Schwiegereltern.« Ivonne schüttelte den Kopf.

»Mann Florian, das war kein Geschenk. Das war eine Mitgift, ein Geschäft, ein Deal, damit er sie heiratet, warum auch immer.«

Ivonne klappte ihren Laptop auf und gemeinsam durchforsteten sie das Internet nach Zeitungsartikeln und Fotos von Frau Schuermann. Sie stießen auf kein einziges, auf dem sie alleine abgebildet war. Entweder stand sie an der Seite oder hinter ihrem Mann, mal mit, mal ohne Sohn im Arm. Und immer ein Lächeln auf dem Gesicht, das ihre Augen jedoch nicht erreichte.

»Schau mal, der Sohn trägt auch immer dieses falsche Lächeln zur Schau«, stellte Ivonne fest.

»Der hat halt keinen Bock auf den ganzen Presserummel. Dem ist das wahrscheinlich alles nur peinlich«, meinte Florian. »Wie alt ist er denn jetzt?«

Ivonne schaute in den Akten nach.

»Er müsste dreizehn sein.«

»Ist er auch im Netz unterwegs? Vielleicht bei Instagram?«

Ivonne gab den Namen des Jungen in die Suchzeile ein, aber er war weder bei Facebook, noch bei Twitter oder Instagram aktiv.

»Das ist heutzutage eher ungewöhnlich, nicht wahr?«, fragte Florian.

»Auf jeden Fall«, bestätigte Ivonne, »ich glaube, ich kenne keinen Jugendlichen, der nicht auf wenigsten einem dieser Plattformen unterwegs ist. Wobei Facebook bei den meisten schon wieder out ist.«

»Und wie kommen wir nun an ihn heran? Es wäre doch bestimmt hilfreich, wenn du ihn auch befragen könntest«, meinte Florian, doch Ivonne schüttelte den Kopf.

»Befragungen bei Minderjährigen sind immer problematisch. Ohne Eltern läuft da gar nichts. Und die meisten Jugendlichen machen dann ohnehin dicht. Ohne eine Genehmigung der Erziehungsberechtigten dürfte ich ihn nicht einmal im Internat besuchen«, erklärte sie Florian. »Aber das habe ich auch gar nicht vor, denn ich habe eine ganz andere Idee.« Was, verriet sie dem Pathologen nicht.

# Fünfzehntes Kapitel

»Vielen Dank Frau Krüger, dass Sie sich die Zeit für mich nehmen.« Ivonne hatte herausgefunden, auf welche Grundschule Tobias Schuermann gegangen war und sich mit seiner ehemaligen Klassenlehrerin zu einem Gespräch für den frühen Nachmittag verabredet. Frau Krüger war bereits seit einem Jahr in Pension, doch sie erinnerte sich genau an ihren ehemaligen Schüler, den sie in der dritten und vierten Klasse unterrichtet hatte. Sie schien sich sehr über Ivonnes Besuch zu freuen und tischte neben einer Kanne Kaffee auch frisch gebackene Waffeln auf. Nach dem obligatorischen Smalltalk kamen sie auf den Grund von Ivonnes Besuch zu sprechen.

»Tobias war eher zurückhaltend, ein schüchterner Junge und ziemlich wortkarg«, zählte Frau Krüger auf. »Ein Einzelgänger, ohne wirkliche Freunde. Aus Streitigkeiten hielt er sich raus, ebenso aus gemeinsamen Aktivitäten, zu denen ich ihn kaum überreden konnte. Tobias meldete sich im Unterricht so gut wie nie von sich aus. Wenn ich ihn aber direkt ansprach und eine Frage stellte, bekam ich immer prompt eine Antwort, und meistens war sie richtig. Tobias redete dann sehr schnell, als würde er es zügig hinter sich bringen wollen. Auch bei schriftlichen Arbeiten war er stets einer der ersten, der das Heft abgab. Seine Noten waren völlig in Ordnung.«

Frau Krüger stockte einen Moment und schaute aus dem Fenster.

»Ja?«, fragte Ivonne leise, nachdem sie die Lehrerin einige Sekunden abwartend angeschaut hatte.

Frau Krüger kehrte von ihrem Gedankenausflug zurück ins Zimmer.

»Einmal, das war gleich zu Beginn des vierten Schuljahres, da haben wir ein Spiel gespielt. Draußen in unserem grünen Klassenzimmer. Wir nannten es *Finde den Fehler*. Sowie Tobias den Namen des Spiel gehört hatte, sprang er auf und lief laut schreiend davon. Ich fand ihn völlig aufgelöst in einer der Kabinen der Jungentoilette. Tobias hockte neben der Kloschlüssel, die Arme um die Knie geschlungen. Er zitterte am ganzen Körper. Diesen Anblick werde ich mein Lebtag nicht vergessen. Bei einem Erwachsenen hätte ich von einem Nervenzusammenbruch gesprochen, aber bei einem Zehnjährigen? Ich fand keine Erklärung für sein Verhalten, für seine Angst.«

»Was haben Sie getan?«

»Ich habe die Mutter angerufen, damit sie ihn abholen kommt.«

»Und, hat sie?«

»Nein, der Vater des Jungen kam.«

»Also, Herr Schuermann?«

»Richtig.«

»Wunderte Sie das?«

»Äh, ja schon.«

»Warum?«

Frau Krüger zögerte einen Moment, bevor sie fortfuhr.

»Nun, Herr Schuermann führte einen gutgehenden Handwerksbetrieb. Er hatte immer mehrere Baustellen gleichzeitig.«

»Sie meinen, er hätte weiß Gott etwas anderes zu tun, als seinen Sohn von der Schule abzuholen?«

Frau Krüger nickte.

»Frau Schuermann war nach der Geburt von Tobias zuhause geblieben und war, nun ja, verstehen Sie mich jetzt bitte nicht falsch, aber sie war nur Hausfrau.«

»Vielleicht hatte sie einen Termin oder war anderweitig verhindert.«

»Möglich.«

»Sie vermuten, dass es einen anderen Grund dafür gegeben haben könnte, dass Frau Schuermann ihren Sohn nicht abgeholt hat?«

Frau Krüger wand sich auf ihrem Stuhl.

»Man munkelte, sie hätte ein Alkoholproblem.«

»Und, stimmte es?«

»Nun, kurz darauf, also nach diesem Vorfall, ist sie mit dem Jungen angeblich in eine Mutter-Kind-Kur gefahren.«

»Ging es dem Jungen nachher besser?«

»Das kann ich nicht sagen.«

»Wieso nicht?«

»Er kam nicht zurück in die Klasse.«

»Warum nicht?«

»Die Eltern teilten uns mit, dass sie Tobias auf einer anderen Schule angemeldet hatten.«

»Das ist doch sehr ungewöhnlich zu diesem Zeitpunkt.«

»Absolut. Es war ja sein letztes Jahr auf der Grundschule, danach hätte ohnehin ein Schulwechsel angestanden.«

»Wissen Sie auf welche Schule er jetzt geht?«

Frau Krüger schüttelte den Kopf.

»Leider nein.«

»Haben Sie Frau Schuermann seitdem noch einmal getroffen?«

Erneut schüttelte die Lehrerin den Kopf.

»Eigentlich nicht. Ab und zu sieht man sie an der Seite des Ehemanns bei öffentlichen Terminen oder im Auto neben ihm.«

»Und den Jungen?«

»Puh, lassen Sie mich überlegen. Ihn habe ich jetzt bestimmt über zwei Jahre nicht mehr gesehen.«

»War Tobias sportlich? War er in einem Verein? Fußball, Handball ... alles was Jungen in dem Alter lieben.«

»Eher nicht. Mannschaftssport war nichts für Tobias. Zudem hatte er keinerlei Ballgefühl, weder mit den Füßen, noch mit einem Schläger. Ich glaube, Tobias hasste Sport und jede Art von Bewegung. Er saß oft in sich gekehrt alleine auf einer Bank und schien zu träumen. Er war sich selbst genug und war froh, wenn man ihn möglichst ignorierte.«

»Und, haben die Mitschüler ihn in Ruhe gelassen?«

Frau Krüger seufzte.

»Zuerst ja, aber nach der Sache bei der Übernachtungsparty nicht mehr.«

»Was war passiert?«

»Es war meine Schuld.«

»Inwiefern?«

»Tobias wollte nicht mitmachen, bei diesem Ausflug. Er wollte lieber zuhause bleiben.«

»Nannte er einen bestimmten Grund, warum er nicht mit wollte?«

»Eben nicht! Deshalb habe ich ja alles drangesetzt, ihn zu überreden. Hätte ich gewusst, ...«

Frau Krüger hielt inne, knetete ihre Hände und strich sich dann nervös eine Haarsträhne aus der Stirn.

»Was?«, hakte Ivonne nach. Als erfahrene Ermittlerin wusste Ivonne, dass sie gerade an einem entscheidenden Punkt des Gesprächs angelangt waren. Nun hieß es dranbleiben, damit Frau Krüger jetzt nicht stumm blieb und ihr wichtige Informationen vorenthielt.

»Tobias war Bettnässer«, sagte Frau Krüger endlich.

»Und seine Eltern, haben die nichts gesagt? Ich meine, sie mussten doch davon wissen und hätten Sie vorab darüber informieren können.«

»Denen war es wohl noch peinlicher, als Tobias. Ich nehme an, das Problem wurde zuhause totgeschwiegen, obwohl dieses Phänomen bei Jungen in dem Alter gar nicht so ungewöhnlich ist. Hätte man mich ins Vertrauen gezogen, wäre ich entsprechend vorbereitet gewesen und hätte Tobias in der Nacht geweckt, um mit ihm auf die Toilette zu gehen. Irgendetwas wäre mir schon eingefallen, und gemeinsam mit den Eltern hätten wir bestimmt eine Lösung gefunden, damit Tobias´ Geheimnis vor den Klassenkameraden bewahrt bleibt. Aber…«

Frau Krüger massierte sich die Schläfen.

»Tobias fiel es schwer, Erwachsenen zu vertrauen. Selbst ich habe es nicht geschafft, dass er sich mir gegenüber öffnete. Ich hätte mich mehr um ihn kümmern müssen … ich habe versagt.«

Ivonne legte ihre Hand auf den Unterarm der Lehrerin.

»Das haben Sie nicht. Sie haben Ihr Bestes gegeben, da bin ich mir sicher.«

Frau Krüger wagte ein schwaches Lächeln.

»Wie haben die Schüler reagiert, als sie davon erfuhren?«, fragte Ivonne vorsichtig.

»Na wie wohl«, seufzte Frau Krüger. »Zuerst haben sie Tobias nur ausgelacht und ich habe gehofft, dass sie die Sache bald vergessen würden. Aber anschließend haben sie Tobias noch mehr gemieden und die Nase gerümpft, sobald er sich ihnen näherte. Der zweite Tag des Ausfluges war die reinste Tortur für ihn, und ich sah in seinen Augen, dass er mir die Schuld daran gab.«

»Haben Sie anschließend das Gespräch mit den Eltern gesucht?«

»Selbstverständlich. Sie haben das Problem runtergespielt und behauptet, dass das zuhause noch nie passiert wäre. Es hätte wahrscheinlich nur daran gelegen, dass ihr Sohn den ganzen Abend eine Limo nach der anderen getrunken hätte. Das würde schließlich keine kleine Jungenblase aushalten.«

»Eine letzte Frage, Frau Krüger. Hat sich Tobias aggressiv verhalten? Speziell gegenüber den Mädchen?«

Die Lehrerin schüttelte den Kopf.

»Davon habe ich nichts mitbekommen, aber ich glaube nicht. Er war wie gesagt ein absoluter Einzelgänger.«

Ivonne bedankte sich bei Frau Krüger und verabschiedete sich einige Zeit später. Das Gespräch mit der ehemaligen Lehrerin hatte Ivonne aufgewühlt und nachdenklich gemacht. Sie fuhr nur einige Straßen weiter, um ihren Wagen auf einem Seitenstreifen zu parken und die erhaltenen Informationen zu verarbeiten. War Tobias wirklich einfach nur ein schüchterner Junge oder resultierte sein Verhalten aus einer, wie auch immer gearteter Misshandlung innerhalb seiner Familie? Vieles was Frau Krüger ihr erzählt hatte, wies darauf hin. Aber reichte das aus? Sollte sie es wagen, Tobias im Internat aufzusuchen? Vielleicht hatte er sich dort mittlerweile zu einem fröhlichen und offenen Teenager entwickelt, dem nur der nächste Pickel auf der Stirn wirklich Sorgen bereitete. Wie weit könnte sie sich noch aus dem Fenster lehnen, ohne zurückgepfiffen zu werden? Und würde eine Befragung des Jungen sie bei ihren Ermittlungen gegen seinen Vater überhaupt weiterbringen? Ivonne schlug ein paar Mal auf das Lenkrad.

»Fuck!«, rief sie in die Stille hinein. Dann startete sie den Wagen, schaltete das Radio ein und fuhr mit durchdrehenden Reifen zurück zum Präsidium.

## Tobias

Tobias hatte sich eingenässt, wieder einmal. Mittlerweile hatte ich aufgehört zu zählen, wie oft er dies tat. Die Rückfragen bei unserem Kinderarzt ergaben, dass dieses Phänomen bei Jungen in seinem Alter nicht ungewöhnlich war und häufig von allein wieder verschwand. Wir sollten es nicht an die große Glocke hängen und Tobias auf keinen Fall Vorwürfe machen oder ihn gar ausschimpfen. Wir sollten darauf achtgeben, dass er abends nicht zu viel trank und ihn einmal pro Nacht wecken, um mit ihm auf Toilette zu gehen. Doch all diese Maßnahmen griffen nicht und ich gab es schließlich auf. Stattdessen kaufte ich einen wasserdichten Bezug für die Matratze und Moltex Unterlagen für sein Bett und nahm diese Fehlbarkeit meines Sohnes hin.

Wie geschockt war ich, als ich eines Tages den wahren Grund für das Einnässen erkannte. Ich kam gerade von einem Friseur Termin und suchte nach Tobias, doch ich fand ihn im ganzen Haus nicht. Schließlich betrat ich das Büro meines Mannes, um ihn nach meinem Sohn zu fragen. Dort saß Tobias auf einem hölzernen Stuhl vor Wolfgangs Schreibtisch. Sein ganzer Körper zuckte unter Schmerzen zusammen. Ich stürzte auf den Schreibtisch zu, auf dessen Tischplatte ein elektronischer Schaltplan lag.

Finde den Fehler, brüllte mein Mann in diesem Moment und erneut zuckte mein Sohn zusammen. Lass ihn in Frieden, du Schwein, schrie ich meinen Mann an und riss Tobias vom Stuhl. Die Sitzfläche war übersät mit elektronischen Kontakten und getränkt von Urin.

Von diesem Moment an ließ ich meinen Sohn nicht einen Augenblick aus den Augen. Nie wieder, so schwor ich mir, würde Wolfgang Hand an Tobias anlegen können. Das höhnische Gelächter, das mich an diesem Tag aus seinem Büro heraus verfolgte, brannte sich tief in mein Gedächtnis. Eines Tages, so schwor ich mir, würde er dafür bezahlen.

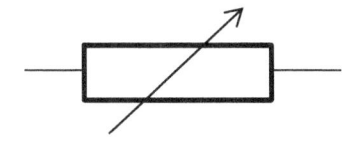

## Sechzehntes Kapitel

»*Ich muss mal raus Stadt*«, hatte Ivonne am Telefon gesagt und Florian gefragt, ob er sie begleiten möchte. Ihre Stimme hatte niedergeschlagen geklungen und er hätte am liebsten sofort alles stehen und liegengelassen, um Ivonne abzuholen. Sie hatten sich für achtzehn Uhr verabredet. Florian hatte vorgeschlagen, etwas zu Essen zu besorgen und Ivonne hatte zugestimmt. Sie war mit ihrem Käfer zu seiner Wohnung gekommen und hatte ihm danach bereitwillig das Lenkrad überlassen. Während der ganzen Fahrt hatte sie kaum ein Wort gesprochen, sondern die meiste Zeit aus dem Beifahrerfenster geschaut.

Florian kannte solche Augenblicke, die er selbst während des Studiums zur Genüge erlebt hatte. Wenn einem alles zu viel wurde, die Sachen über den Kopf wuchsen und man sich nur ganz weit weg wünschte. Bereits als Teenager hatte Florian des Öfteren dieses Gefühl der Niedergeschlagenheit verspürt. Und zwar immer dann, wenn er an der Frage verzweifelt war, warum seine leibliche Mutter ihn nicht hatte haben wollen. Diese Ohnmacht, hilflos gegenüber der Tatsache zu sein, nie zu wissen, wo seine Wurzeln lagen. Das hatte ihn häufig wütend gemacht und ungerecht gegenüber seinen Adoptiveltern, obwohl gerade sie die Letzten waren, die etwas dafür konnten. Doch egal wie sehr sie ihm das Gefühl von Geborgenheit und Nähe und ihre bedingungslose Liebe gegeben hatten, ganz tief drinnen schwelte immer noch die Frage nach dem Warum.

Florian lenkte Ivonnes Käfer ruhig und konzentriert durch den Feierabendverkehr raus aus der Stadt, zu einem ruhigen Fleckchen Erde, das er bei einer seiner letzten Touren mit dem E-Bike entdeckt hatte. Sie parkten den Wagen und gingen die letzten Meter zu Fuß.

»Das tut gut«, sagte Ivonne und schloss für einen Moment die Augen. Sie stand bis zu den Waden im fließenden Wasser des schmalen Baches, an dessen Ufer Florian die Picknickdecke ausbreitete. *Das habe ich gehofft*, dachte Florian im Stillen und freute sich, dass es Ivonne gefiel. Er stellte den Korb ab und machte sich daran, ebenfalls seinen Füßen diese willkommene Abkühlung zu gönnen. So standen sie wortlos in der Abendsonne, bis der Hunger und die Kälte an den Zehen sie wieder ans Ufer trieb. Ivonne beäugte neugierig den Inhalt des Korbes und freute sich, ein deftiges belegtes Baguette Brötchen und eine Flasche Bier zu entdecken.

»Genau dass, was ich jetzt brauche«, sagte sie und lächelte Florian an.

»Das habe ich mir gedacht«, meinte er und grinste, während er sich seinen Smoothie hervorholte.

»Na, dann Prost«, meinte Ivonne lachend und stieß mit ihm an.

»Mahlzeit«, erwiderte Florian.

Auch nach dem Essen, als sich Ivonne auf der Picknickdecke ausgestreckt hatte, hütete sich Florian davor, sie auf den Stand der Ermittlungen anzusprechen. Irgendwie hatte er das Gefühl, dass Ivonne heute ausnahmsweise einmal nicht darüber sprechen wollte.

»Es tut so gut, mal einen Abend nicht über den Fall zu reden«, sagte sie in diesem Moment und rollte sich auf die Seite. Sie bettete ihren Kopf in ihre Armbeuge und schloss die Augen. Zwei Minuten später war sie eingeschlafen.

Florian betrachtete ihr entspanntes Gesicht und horchte auf ihre regelmäßigen Atemzüge. Dann merkte auch er die Müdigkeit in seinen Knochen und streckte sich ebenfalls aus. Doch im Gegensatz zu Ivonne konnte er nicht schlafen. Er hoffte so sehr, dass Ivonnes Ermittlungen bald zu Ergebnissen führen würden, die es ihr ermöglichten, den Täter zu überführen, bevor dieser die Chance hatte, ein weiteres Mal zuzuschlagen.

»Oh Mann, ist mir das peinlich«, sagte Ivonne und wischte sich über die Augen.

»Das muss es nicht«, winkte Florian ab.

Ivonne hatte gut eine halbe Stunde geschlafen und nur eine lästige Mücke, die direkt auf ihrer Nasenspitze gelandet war, hatte sie aus dem Schlaf gerissen.

Florian hatte Ivonne nicht einen Moment aus den Augen gelassen. Er hatte ihrem gleichmäßigen Atem gelauscht und sich dabei ihre Gesichtszüge eingeprägt. Die schmale Nase, die hohen Wangenknochen, die winzige Narbe am Kinn, die aus Ivonnes Kindheit stammen musste, da sie wirklich nur noch als ganz schmaler, weißer Strich zu erkennen war.

»Wie spät ist es?«, fragte Ivonne und reckte sich.

»Kurz nach neun«, sagte Florian nach einem Blick auf sein Smartphone. »Wir sollten uns auf den Weg machen, bevor die Stechmücken dich auffressen.«

»Vielen Dank«, sagte Ivonne als sie wieder vor Florians Wohnung angekommen waren.

»Nicht dafür«, meinte Florian und langte nach dem Picknickkorb auf der Rückbank.

»Ich meine das im Ernst«, beharrte Ivonne und sah ihm direkt in seine braunen Augen. »Es fällt mir schwer, einfach mal komplett abzuschalten und wirklich keinen Gedanken an die Arbeit zu verschwenden.«

»Das wurde euch im Studium nicht beigebracht«, meinte Florian.

»Leider nicht«, bestätigte Ivonne, »das muss man sich selbst hart erarbeiten.«

## Mordgedanken

Wie oft hatte ich es mir ausgemalt, wie oft hatte ich meinen Mann bereits getötet. Erschossen, erstochen, ertränkt, vergiftet. Und doch, ich würde es nicht tun können. Nicht, weil ich es nicht übers Herz bringen würde, nein. Jegliches Gefühl, sollte es überhaupt jemals existiert haben, war erloschen. Ich verspürte nur noch blanken Hass. Aber ich war körperlich einfach nicht in der Lage, ihn zu überwältigen, und fiele bei einer Vergiftung nicht unweigerlich der Verdacht auf mich? Ich spielte mit dem Gedanken, einen Auftragskiller zu engagieren, doch wie hätte ich diesen ausfindig und wie bezahlen sollen?

Außerdem gäbe es dann einen unberechenbaren Mitwisser, der mich bis ans Ende meines Lebens in der Hand hätte. Auch wenn ich dann frei sein würde, ich wäre trotzdem finanziell ruiniert. Somit verwarf ich diesen Gedanken gleich wieder. Ich würde einen anderen Weg finden müssen, mich aus meinem Gefängnis zu befreien.

Dabei quälte mich weiterhin der schier unerträgliche Gedanke, dass mein Mann erneut versuchen könnte, Tobias etwas anzutun.

Wie ein Panther schlich Wolfgang häufig um uns beide herum und ergötzte sich an unserer Angst, bevor er sich lauthals lachend ins Arbeitszimmer zurückzog.

Ich musste mir eingestehen, dass Tobias hier nicht mehr sicher war, und so entschied ich mich schweren Herzens, ihn in Sicherheit zu bringen.

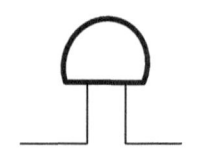

## *2017*

*Mein erstes Opfer lernte ich auf einer dieser sinnlosen Handwerkermessen in der Stadthalle kennen. Sinnlos, da die Kosten, die so ein Stand verursachte und die Zeit, die man dort investierte, in keinem Verhältnis standen zu der Anzahl der daraus resultierenden Aufträge. Aber die Branche war hart umkämpft und die Konkurrenz schlief nicht. Man musste permanent präsent sein. Zudem hatte ich in den letzten Jahren eine Menge Geld in den Betrieb investiert. Nun galt es, diese Ausgaben wieder reinzuholen.*
*Die Frau, die sich unserem Stand näherte zeigte ehrliches Interesse an der neuesten Haustechnik. Sie hatte kürzlich eine Immobilie in der Innenstadt erworben und wollte diese nun renovieren. Schnell war mir klar, dass Geld für diese Frau keine große Rolle spielte, deshalb holte ich das ganz große Besteck hervor. Sie zuckte nicht mal mit der Wimper, als ich ihr die Kosten nannte, die die komplette Installation des Sicherheitssystems sie kosten würde, um aus ihrem Haus ein Smart Home zu machen. Ich versprach, ihren Auftrag als Chefsache zu betrachten. Schon bald folgten die erste Besichtigung ihres Hauses und die Erstellung des endgültigen Angebotes. Immer häufiger rief sie mich an, unter dem Vorwand, noch über das ein oder andere Detail sprechen zu müssen. Und irgendwann gab sie mir klar zu verstehen, dass ihr Interesse an mir weit über das berufliche hinausging.*
*Das sexuelle Interesse zwischen mir und Nicole hatte sich an dem Tag erledigt, als sie mir ihren Fehltritt, mit welchem Mannsbild auch immer, als mein leibliches Kind unterjubeln wollte.*

*Das Nest war ja gemacht, erkauft durch die Heirat mit mir, fehlte nur noch das Kuckuckskind darin. Ihren Bastard hatte sie sich teuer erkauft. Dadurch verfügte ich wieder über die notwendigen finanziellen Mittel, um meinen speziellen Bedürfnissen nachzukommen. Nun offenbarte sich hier eine Chance für mich, das Angenehme mit dem Nützlichen zu verbinden. Die Frau war attraktiv, was die Sache für mich sogar noch reizvoller machte. Schon bald bekam ich einen Einblick in ihre Vermögensverhältnisse, die nicht uninteressant waren. Und so reifte ein Plan in mir, den ich zeitnah umzusetzen gedachte, bevor diese sprudelnde Geldquelle versiegte und die Anziehungskraft, der Reiz des Neuen, des Verbotenen nachließ. Ich schenkte ihr all meine Aufmerksamkeit, las ihr jeden Wunsch von den Augen ab. Ich machte ihr weiß, dass wir uns nicht in Öffentlichkeit zeigen sollten, damit unsere Liebe unser süßes Geheimnis bliebe.*

*Mehr und mehr brach sie alle Kontakte zu ihrer Familie und zu ihrem Freundeskreis ab, um ihre Zeit ausschließlich mit mir zu verbringen. Ich machte sie süchtig nach meiner Aufmerksamkeit, nach meinem Wohlwollen, nach meiner Liebe. Ich ließ sie meine Unzufriedenheit spüren, wenn ein Abend nicht so lief, wie ich ihn mir vorgestellt hatte. Am nächsten Tag setzte sie alles daran, den Schaden wieder gut zu machen. Es dauerte nur wenige Wochen und sie war mir hörig. Sie ließ sich mehr und mehr auf meine sexuellen Vorlieben ein und ertrug jede Erniedrigung, jeden Schmerz, den ich ihr zufügte als Zeichen meiner grenzenlosen Liebe.*

*Als Entgegenkommen und Wertschätzung meinerseits bot ich ihr eine stille Teilhaberschaft in meiner Firma an.*

*Schon bald waren ihr komplettes Barvermögen und ihre gesamten Ersparnisse in meinen Betrieb geflossen. Natürlich an allen offiziellen Büchern vorbei. Die Summen, die sie mir zur Verfügung stellte, traten auf keinem meiner Geschäftskonten in Erscheinung.*

### Affäre #1

Wolfgang muss eine Geliebte haben. Ich spüre es. Zunächst hatte ich seine neue Assistentin in Verdacht. Frau Kleinert, die Sekretärin seines Vaters hatte er direkt nach dessen Tod entlassen und gegen ein vierzig Jahre jüngeres Modell ausgetauscht. Aber zu meiner Überraschung war sie es nicht. Die Frau, zu der mein Mann sich neuerdings abends davonschlich, war sogar älter als er. Nicht von Eifersucht, weiß Gott nicht, aber von einer gewissen weiblichen Neugier getrieben folgte ich ihm, als er sich eines Abends direkt vom Büro aus auf den Weg zu ihr machte. Die Frau wohnte in einer gehobenen Gegend und schien über gewisse finanzielle Mittel zu verfügen. Ich ließ die beiden gewähren und wünschte ihnen von ganzem Herzen alles Gute. Zu meiner Enttäuschung währte dieses Glück jedoch nur wenige Monate. Wenn ich ehrlich war, hätte es mich auch gewundert, dass eine Frau es lange bei meinen Mann aushielt. Besonders nachdem der Reiz des Neuen und des Verbotenen verpufft war und er sein wahres Ich präsentierte.

# Siebzehntes Kapitel

Am nächsten Tag erfuhr Florian den Grund für Ivonnes Niedergeschlagenheit vom Vorabend. Ivonne wollte sich für das Picknick revanchieren und hatte Florian zum Abendessen zu sich eingeladen. Sie erzählte ihm ausführlich von dem Gespräch mit Frau Krüger und ihren eigenen Mutmaßungen.

»Ich befürchte, Tobias wurde als Kind von seinem Vater misshandelt und zwar derart, dass Frau Schuermann ihn zu dessen eigenen Schutz in ein Internat gegeben hat, auch wenn es ihr selbst das Herz gebrochen hat.«

»Bist du dir sicher?«, fragte Florian. »Ich meine, nicht jeder schüchterne Junge, nicht jeder Einzelgänger muss ein Opfer sein.«

Florian dachte an seine eigene Kindheit zurück. Wir sehr er darunter gelitten hatte, dass er keine Eltern, sondern eher Großeltern hatte. Ihm selbst war das als kleines Kind gar nicht aufgefallen oder wichtig gewesen. Aber die Fragen der Schulkameraden in der Klasse, warum seine Eltern denn schon so alt waren, hatten ihn irritiert. Als er wieder einmal mit diesem Thema konfrontiert worden war, hatte er seine Eltern darauf angesprochen und daraufhin erfahren, dass er adoptiert worden war. Er hatte damals fast ein Jahr gebraucht um diese Information, die alles Bisherige auf den Kopf stellte, zu verarbeiten. In dieser Zeit hatte er sich von seinen Freunden zurückgezogen und viele Stunden alleine in seinem Zimmer verbracht. Er hatte es der unendlichen Geduld seiner Adoptiveltern zu verdanken, dass er das selbstgewählte Schneckenhaus irgendwann wieder verlassen hatte.

»Ich kann es nicht beweisen«, sagte Ivonne in diesem Moment und holte ihn zurück in die Gegenwart, »aber alles deutet darauf hin.«

»Und Frau Schuermann hat tatenlos zugeschaut und nichts unternommen, um das zu unterbinden?«

»Partner eines psychisch kranken Menschen vertuschen die Probleme vor der Öffentlichkeit.«

»Aber das ist doch mindestens genauso krank.«

»Sie können häufig nichts dafür, weil sie abhängig sind oder selbst zu schwach. Physisch Kranke suchen sich meist Partner, die sie schnell unter Kontrolle bringen können. Sie üben Macht über sie aus in dem sie Gewalt androhen. Entweder an ihnen selbst oder an einem anderen Familienmitglied.«

»Aber jede Mutter würde doch alles tun, um ihr Kind zu beschützen. Ist es nicht der pure Instinkt, der aus Müttern Löwinnen macht!«

»Das mag für starke Frauen mit einem gesunden Selbstwertgefühl zutreffen. Die gehen eher selbst durch die Hölle, bevor ihren Kindern etwas angetan wird. Aber meist richtet sich diese Art der Verteidigung gegenüber einer Gefahr von außerhalb der Familie.«

»Und alles was sich innerhalb der eigenen vier Wände abspielt wird unter den Teppich gekehrt?«

Ivonne konnte Florians wachsende Wut gut nachvollziehen, aber dies war nicht selten die Realität.

»Oftmals schlagen die Versuche der Angehörigen fehl, wenn sie sich bemühen, sich aus dieser Co-Abhängigkeit, wie wir es nennen, zu befreien. Irgendwann geben sie auf und die Problematik wird dadurch nur noch verschärft. Ich hatte dir doch von dem Gespräch mit Frau Schuermann erzählt.«

Florian nickte.

»Du meinst ihre Selbstaufgabe, ihre Identifizierung allein über ihren Ehemann?«

»Genau.«

»Und das bewertest du als eindeutige Indizien für eine Co-Abhängigkeit?«

Ivonne nickte.

»Ich befürchte ja. Nach dem gestrigen Gespräch mit der Lehrerin habe ich mir heute nochmals intensiver die beiden Lebensläufe der Eltern vorgenommen. Ich habe ihr komplettes Leben durchleuchtet, nicht nur den aktuellen Status.«

Sie drehte Florian den Laptop zu.

Frau Nicole Schuermann, geb. Lohmeier, Jahrgang 78, Eltern Kurt und Irene Lohmeier, Großbäckereibetrieb, einen jüngeren Bruder, Michael, kommt 1998 bei einem Autounfall ums Leben, Besuch des Hannah-Arendt-Gymnasium, Schulverweis in der zehnten Klasse, Wechsel auf ein Internat, auch dort Verweis von der Schule wegen Drogenkonsums, dann mehrere Delikte, Trunkenheit am Steuer, und immer wieder Besitz von Drogen. Sie startet eine steile, aber nur kurze Karriere als Model schafft es aber nie, in der Branche wirklich Fuß zu fassen. Auch ihre Versuche, sich als Schauspielerin einen Namen zu machen schlagen fehl. Danach verschwindet sie eine Zeit lang komplett von der Bildfläche, um dann an der Hand von Wolfgang Schuermann vor den Altar zu treten.

Wolfgang Schuermann, Einzelkind, Jahrgang 79, Vater Norbert Schuermann, Handwerksmeister Elektronik, Familienbetrieb in der zweiten Generation, Mutter Klara Schuermann, Hausfrau.

Zunächst Besuch der Realschule, Wechsel aufs Gymnasium, Abitur, Ausbildung zum Elektriker mit Auszeichnung, im Anschluss Weiterbildung zum Meister. Keine Auffälligkeiten, keine Verkehrsdelikte, nicht mal Falschparken. 2003 Einstieg in den elterlichen Betrieb und Heirat, 2007 Geburt des einzigen Sohnes Tobias, 2011, Tod der Mutter, Übernahme des Geschäfts nach dem Tod des Vaters zwei Jahre später.

»Unterschiedlicher geht es kaum«, meinte Florian.
»Du sagst es.«
»Man sagt aber auch, Gegensätze ziehen sich an.«
Ivonne wog den Kopf hin und her.
»Das mag eine Zeit lang gut gehen, aber irgendwann nerven einen die Eigenarten des anderen nur noch.«
»Sprichst du aus Erfahrung?«, fragte Florian und hätte sich am liebsten sofort auf die Zunge gebissen. Doch Ivonne ging gar nicht auf seine Frage ein, was ihm sehr recht war.
»Ich meine, wenn du die beiden Lebensläufe vergleichst ist glasklar, wer für die Opferrolle in Frage kommt.«
»Von der Hochzeit bis zur Geburt des Sohnes vergehen gut vier Jahre«, merkte Florian an.
»Und«, fragte Ivonne, »findest du das zu lang?«
»Nicht unbedingt. Es fällt mir nur auf. Viele meiner Freunde haben, kaum dass sie verheiratet waren, auch gleich Nachwuchs bekommen.«
»Hm, vielleicht hat es ja nicht gleich auf Anhieb geklappt«, gab Ivonne zu bedenken. »Du als Arzt müsstest das doch besser wissen«, neckte sie Florian, der mit den Schultern zuckte.

»Vielleicht haben sie professionelle Hilfe in Anspruch genommen, Stichwort künstliche Befruchtung. Steht dazu etwas in euren Akten?«

»Diese Informationen unterliegen sicherlich der ärztlichen Schweigepflicht.«

»Vielleicht ...«, begann Florian, doch er führte den Satz, der ihm auf der Zunge lag, nicht zu Ende.

Ivonne hob die Augenbrauen.

»Ich wüsste zu gerne, was gerade hinter deiner Stirn vor sich geht.«

»Nur einmal angenommen«, begann Florian nachdem er seine Gedanken sortiert hatte, »Herr Schuermann wäre, aus welchen Gründen auch immer, zeugungsunfähig und Tobias ist nicht sein leiblicher Sohn. Würde das deine These noch weiter untermauern?«

»Du meinst, wenn seine Frau ihm ein Kuckuckskind ins Nest gelegt hat?«

Florian nickte.

»Das käme darauf an, ob er davon gewusst hat.«

»Nehmen wir an ja«, forderte Florian und wartete geduldig auf Ivonnes Antwort, die nicht lange auf sich warten ließ.

»Ich denke schon«, überlegte sie laut, »da es sich dann nicht um sein eigenes Fleisch und Blut handelt, könnte seine Hemmschwelle deutlich geringer ausfallen.«

»Und er hätte ein weiteres Druckmittel gegen seine Frau.«

»Er hat sie fest in der Hand, alle beide. Sie sind ihm schutzlos ausgeliefert.«

Sie schwiegen und zum ersten Mal spürte Florian den Druck, dem Ivonne während ihrer Ermittlungsarbeit ausgesetzt war und er fragte sich, wie lange sie diesem standhalten würde. Florian zog den Laptop zu sich heran und schaute sich nochmals die Zusammenfassung des Lebenslaufs von Frau Schuermann an.

»Was ist mit dem Unfall des Bruders von Frau Schuermann? Dazu gibt es doch bestimmt einen Unfallbericht. Habt ihr den schon angefordert? Und habt ihr bereits Kontakt aufgenommen zu Wegbegleitern während der Modelkarriere von Frau Schuermann? Sie muss doch Freundinnen gehabt haben. Und…«

»Halt, stopp, brrr«, forderte Ivonne lachend, »wo ist dein Ausschaltknopf? Läufst du ab zweiundzwanzig Uhr immer zur Höchstform auf?«

»Entschuldige«, erwiderte Florian, froh darüber, das unangenehme Schweigen beendet und sogar Ivonne zum Lachen gebracht zu haben, »das habt ihr wahrscheinlich alles bereits dreimal überprüft. Ich wollte nicht …«

Er brach ab.

»Hör auf, dich ständig zu entschuldigen«, beruhigte ihn Ivonne. »Es sind gerade deine Fragen, die uns Ermittlern, mit unseren Scheuklappen, vielleicht nicht einfallen. Denk an deinen Hinweis mit der Haustechnik und der Steuerklärung.«

Florian wurde rot.

»Anfängerglück würde ich sagen.«

»Nein, ich meine das ehrlich. An dir ist eine echte Spürnase verloren gegangen. Mein Chef hat mir den Spitznamen Terrier verpasst. Ich beiße mich fest und lasse nicht wieder los, bis ich am Ziel bin.

Dabei vergesse ich dann schon mal nach rechts und links zu schauen. Aber du gehst ganz anders an die Sache heran und das ist gut so.«

Sie hob ihre Bierflasche und stieß mit Florians Wasserglas an.

»Welchen Eindruck hat Frau Schuermann bei eurem Gespräch noch auf dich gemacht?«, wollte Florian wissen nachdem er sein Glas wieder abgesetzt hatte. »Ich meine, wie war ihre Gemütslage?«

»Sie war unglücklich, traurig, einsam. Sie wirkte fast depressiv.«

»Ein weiterer Hinweis auf ihre Abhängigkeit?«

Ivonne zuckte mit den Schultern.

»Durchaus möglich, aber vielleicht ist sie aber auch einfach nur traurig, weil ihr Sohn im Internat und nicht zuhause ist.«

»Jedenfalls ist er dort vor den Misshandlungen des Vaters sicher. Das sollte sie doch eigentlich freuen.«

»Vielleicht rückt sie dadurch wieder in den Fokus ihres gewalttätigen Ehemannes und ist seiner Willkür schutzlos ausgesetzt. Obwohl, Spuren von Gewalt konnte ich nicht an ihr entdecken. Aber das soll nichts heißen«, räumte Ivonne ein. »Opfer, die jahrelang häuslicher Gewalt ausgesetzt waren, sind Meister darin, die verräterischen Spuren zu verstecken.«

»Frau Schuermann mit unseren bisherigen Ermittlungsergebnissen zu konfrontieren wäre wahrscheinlich das Verkehrteste was du tun könntest«, mutmaßte Florian.

»Auf jeden Fall. Bei der ersten Befragung befand ich mich schon auf sehr dünnem Eis. Ich kann sie nicht einfach zu einer weiteren Befragung ins Präsidium bitten. Dafür reichen die drei Rechnungen und unsere Vermutungen bei weitem nicht aus.

Da bräuchten wir schon etwas Handfesteres. Solange wir keine konkreten Beweise haben, dass ihr Mann Kontakt zu den drei Frauen hatte, werden wir den Ball flach halten. Wir wissen immer noch nichts über sein Motiv. Warum mussten die drei Frauen sterben? Ich werde weiter in seinem Umfeld bohren und ermitteln. Gleich Montag lasse ich mir den Bericht über den Autounfall von Michael Lohmeier zuschicken und werde mit dem damaligen Beamten sprechen. Vielleicht kann ich auch noch alte Weggefährtinnen von Frau Schuermann, aus ihrer Zeit als Model ausfindig machen, so wie du es vorgeschlagen hast. Wir müssen uns auch von ihr ein klares Bild machen.«

»Du meinst, für den Fall, dass sie mit ihrem Mann unter einer Decke steckt?«, fragte Florian ungläubig.

»Auszuschließen ist das nicht hundertprozentig, aber eher unwahrscheinlich. Dennoch könnte sie eine Mitwisserin sein oder sie ahnt zumindest etwas. Dann muss ich versuchen, Vertrauen zu ihr aufzubauen, anstatt sie in die Enge zu treiben.«

»Ansonsten wird sie zumachen oder noch schlimmer, ihren Mann vorwarnen.«

Ivonne nickte.

»Das wäre dann der Super-GAU.«

»Florian, mach dich nicht lächerlich. Du kannst hier pennen«, bot ihm Ivonne eine halbe Stunde später an, da es mittlerweile wie aus Eimern schüttete.

Der leichte Nieselregen, der Florian bereits auf dem Weg zu Ivonnes Wohnung begleitet hatte, hatte nicht aufgehört, sondern sich stattdessen zu einem ordentlichen Regenguss entwickelt.

»Ich hätte ein schlechtes Gewissen, dich bei diesem Sauwetter durch die halbe Stadt radeln zu lassen. Und dann noch mit deinem tollen E-Bike. Nachher bekommt der Motor Wasser ab und – zisch – das war's dann. Ich würde dich ja fahren, aber…«

Ivonne schwenkte die leere Bierflasche hin und her.

»Außerdem«, ergänzte sie, »habe ich eine gewisse Fürsorgepflicht gegenüber meinen Angestellten!«

Florian musste grinsen, da es Ivonne nicht mehr so einfach fiel, das Wort Fürsorgepflicht fehlerfrei auszusprechen und sie nochmal ansetzen musste. Die zwei Flaschen Bier, die Ivonne den Abend über getrunken hatte, und die anstrengende Woche, die hinter ihnen lag, zeigten Wirkung.

»So, so, ich bin also dein Angestellter«, hakte Florian nach.

»Nein, du bist mein persönlicher Berater.«

»Wir haben noch gar nicht über mein Honorar verhandelt.«

»Honorar? Honorar? Ich höre immer nur Honorar?«

»Vielleicht, weil ich genau das sage«, scherzte Florian.

»Ich werde dich fürs Bundesverdienstkreuz nominieren«, schlug Ivonne vor und lachte.

»Das wäre der Ehre dann doch zu viel«, meinte Florian und deutete eine Verbeugung an.

Schließlich gab Florian seinen Widerstand auf und willigte ein, auf ihrem Sofa zu übernachten.

»Das Bad ist jetzt frei«, sagte Ivonne. Sie stand barfuß und nur mit einem verwaschenen XXL T-Shirt – das mindestens drei X zu groß war – bekleidet im Türrahmen zum Wohnzimmer.
»Ich habe dir eine neue Zahnbürste und ein frisches Handtuch rausgelegt.«
»Danke.«
Ivonne zögerte einen winzigen Augenblick.
»Na, dann ... gute Nacht«, sagte sie schließlich.
»Dir auch.«
Florian wartete bis die Tür zu Ivonnes Schlafzimmer ins Schloss fiel. Erst dann stand er vom Sofa auf und machte sich auf den Weg ins Bad. Ivonne hörte seine Schritte auf den Holzdielen im Flur. Sie schmunzelte über Florians Versuch, möglichst keine Geräusche zu machen, was in ihrer Altbauwohnung absolut unmöglich war.
Aber nicht nur diese Tatsache ließ Ivonne lächeln. Viele Männer hätten ihr Angebot, hier zu übernachten, höchstwahrscheinlich anders interpretiert. Nicht so Florian. Ivonne war das im Moment sehr recht, denn sie war sich ihrer Gefühle Florian gegenüber noch nicht sicher. Sie kannten sich jetzt bereits gut zwei Wochen und sie fühlte sich unheimlich wohl in seiner Gegenwart. Florian hatte Humor, konnte gut zuhören, war ehrlich an ihrer Arbeit interessiert. Zudem sah er einfach zum Anbeißen aus.

Seine dichten, braunen Haare, die immer in alle Richtungen abstanden und ihm damit den aktuellen *Out-of-bed-look* verliehen, passten zu seinen etwas dunklerem Teint, den braunen Augen und den beneidenswert dichten Wimpern, für die manche Frau töten würde. Von seinem durchtrainierten, schlanken Body mal ganz abgesehen. Witziger weise schien Florian sich seines guten Aussehens und seiner Wirkung auf Frauen überhaupt nicht bewusst zu sein. Manchmal hatte Ivonne das Gefühl, dass sein Blick etwas länger auf ihr ruhte. Oder machte sie sich in dieser Hinsicht vielleicht nur etwas vor? War es lediglich der Fall, der Florian interessierte und der Grund, warum sie so viel Zeit miteinander verbrachten? Genoss er die Ermittlungen als willkommene Abwechslung? Würden sie wieder getrennte Wege gehen, sobald die Fälle gelöst waren? Ivonne versuchte zu ergründen, ob ihr das etwas ausmachen würde.

Florian schlich über die knarzenden Holzdielen zurück zum Wohnzimmer. Auf Höhe der Schlafzimmertür verharrte er einen Moment. *Sei kein Idiot,* dachte er und ging weiter bis zum Wohnzimmer. Sie hatte gesagt *bei* mir schlafen, nicht *mit* mir! Sie kannten sich jetzt bereits zwei Wochen und er fühlte sich unheimlich wohl in ihrer Gegenwart. Sie hatte Humor, konnte gut zuhören, war ehrlich an seiner Arbeit interessiert, und sie sah einfach zum Anbeißen aus! Sie schien sich dessen jedoch überhaupt nicht bewusst zu sein. Oder machte er sich vielleicht nur etwas vor? War es lediglich die Lösung der Fälle, die Ivonne interessierte und der Grund, warum sie so viel Zeit miteinander verbrachten? Würden sie wieder getrennte Wege gehen, sobald die Fälle gelöst waren? Florian versuchte zu ergründen, ob ihm das etwas ausmachen würde.

# Achtzehntes Kapitel

»Hey, du bist schon wach. Ich hoffe, ich habe dich nicht geweckt.«

Florian befand sich gerade im Unterarmstütz, den er in dem schmalen Bereich zwischen Sofa und Tisch auf dem Boden ausführte, als Ivonne ins Wohnzimmer trat.

»Machst du das jeden Morgen?«, fragte sie und schüttelte ungläubig den Kopf, während sie sich an ihm vorbeischlich und auf das Sofa fallen ließ.

»Eigentlich eher abends, aber gestern bin ich nicht dazu gekommen.«

»Und du brauchst für dein Training keine Gerätschaften, ich meine Hanteln und Gewichte und so?«

»Mein eigenes Körpergewicht reicht da völlig«, meinte Florian.

»Ich könnte die Intensität der Übung ja noch steigern«, bot Ivonne ihm an.

»Aha, und wie?«

»Warte, ich habe hier ein zusätzliches Gewicht für dich.«

Ivonne streckte ihre Beine aus. Nun lagen ihre Unterschenkel auf seinem Rücken.

»Super, genau die zehn Kilo, die ich noch brauchte«, stöhnte Florian und ließ sich lachend auf den Boden sinken.

»Wie, du machst schon schlapp?«, tönte Ivonne.

»Na dann komm mal runter vom Sofa und wir machen eine Challenge.«

»Eine was?«

»Einen Wettbewerb«, erklärte Florian.

»Wer zuerst aufgibt, muss raus in den Regen, die Brötchen fürs Frühstück besorgen.«

»Deal.«

Ivonne musste sich nach tapferen anderthalb Minuten im sogenannten Plank geschlagen geben. Florian verschwieg ihr, dass sein Rekord bei vier Minuten lag.

»Okay, du darfst zuerst ins Bad und ich besorge die Brötchen.«

Nach dem Frühstück recherchierten sie gemeinsam im Internet und versuchten, einige der ehemaligen Wegbegleiterinnen von Frau Schuermann ausfindig zu machen. Die, die sie finden konnten und kontaktierten, halfen ihnen bei ihren Ermittlungen nicht weiter. Kaum jemand erinnerte sich an das ehemalige Model, und richtig befreundet war wohl auch niemand mir ihr gewesen. Kontakt jedenfalls hatte keiner mehr von ihnen zu Frau Schuermann. Ivonne und Florian verabredeten sich zum Abendessen bei Paolo. Den Nachmittag nutzte Ivonne, um sich die Unfallakte zu besorgen.

»Hier steht, der Unfall ereignete sich am 24.02.1998 in der Nacht vom Samstag auf Sonntag um 2.30 Uhr. Das Fahrzeug ist auf regennasser Straße von der Fahrbahn abgekommen und dann frontal gegen einen Baum geprallt. Der Fahrer, Michael Lohmeier, verstarb noch an der Unfallstelle. Es gab weiter keine Unfallbeteiligten oder Verletzte. Alkohol- und Drogentest negativ.«

»Das hört sich nach einem, wenn auch tragischen, Unfall eines Fahranfängers an«, fasste Florian zusammen. »Warum sollte sich deshalb seine Schwester die Schuld am Tod ihres Bruders geben?«

»Vielleicht hatte sie ihn gebeten, sie abzuholen. *Hätte ich ihn nicht gefragt! Hätte ich mir doch ein Taxi genommen. Hätte, hätte, hätte...* Oftmals machen sich die Angehörigen solche Gedanken und tauchen dann in eine Abwärtsspirale aus Schuldgefühlen, aus denen sie sich nur schwer befreien können.«

»Ihre Eltern hätten ihr doch beistehen müssen«, meinte Florian.

»Sie waren sicher selber in ihrer Trauer gefangen und hilflos.«

»Oder sie haben ihr ebenfalls Vorwürfe gemacht und damit ihr Schuldgefühl noch verstärkt.«

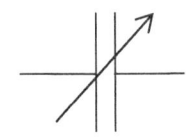

**Affäre #2**

Wolfgang hat eine Neue. Gut ein Jahr nach Beendigung seiner ersten Affäre, ist nun erneut eine Frau auf seinen Charme hereingefallen. Die Anzeichen sind eindeutig: Späte Rückkehr mitten in der Nacht oder in den frühen Morgenstunden, die körperlichen Kontakte zu mir auf ein Minimum reduziert und dann komplett eingestellt. Ich spüre nichts als Erleichterung und hoffe, dass die Affäre möglichst lange anhält, da ich nur noch Ekel empfinde, wenn er jenseits jeder Zärtlichkeit meinen Körper nutzt, um seine niedrigsten Instinkte zu befriedigen. In den nächsten Wochen, hoffentlich Monaten, werde ich vor ihm und seinem unersättlichen Genital sicher sein. Mittlerweile sind mir Wolfgangs außerehelichen Aktivitäten vollkommen egal.

Trotzdem werde ich mir, wie schon beim ersten Mal, genau ansehen, wem diesmal seine Aufmerksamkeit gilt. Ich werde peinlichst genau Buch führen, wann und wie oft er des Nachts nicht da ist. Wer weiß ob diese Informationen nicht irgendwann von Nutzen für mich sein können. Mal sehen wie lange die Neue es mit ihm aushält. Früher oder später wird er sie fallen lassen, falls sie nicht schon vorher von seinen perversen Spielchen genug hat.

## *2018*

*Auch bei meinem zweiten Opfer lief zunächst alles wie geplant, bis sie den fatalen Fehler ihrer Vorgängerin wiederholte. Auch sie wollte plötzlich alles wieder rückgängig machen. Die freiwilligen Zahlungen, die Geschenke, die sie mir gemacht hatte, alles. Sollte ich ihren Wünschen nicht unverzüglich nachkommen, würde sie einen Rechtsanwalt einschalten und unsere Affäre öffentlich machen. Sie war eine Verräterin, genau wie alle Frauen meines bisherigen Lebens. Meine Mutter, die mich als Kind nicht vor den Misshandlungen meines Vaters beschützt hatte. Meine Frau, diese verlogene Schlampe, die mir einen Bastard unterjubeln wollte.*

*Sie alle hatten ihre Bestrafung verdient, jede einzelne von ihnen. Sie alle hatten sich schuldig gemacht und somit ihre Strafe mehr als verdient. Ich war das Opfer, nicht sie. Aber ich hatte mittlerweile gelernt, mich zu wehren.*

*Funkschalter waren dabei schon immer meine verlässlichsten Helfershelfer. Klein, flach und unscheinbar lag er nun in meiner Hand, geduldig abwartend, wann er mir zu Diensten sein konnte, während ich draußen vor ihrem Haus im Auto saß und wartete, bis die Rollläden sich langsam nach oben bewegten. Dies würde gemäß der programmierten Zeituhr exakt um sieben Uhr dreißig der Fall sein. Bis dahin hatte sie bereits geduscht, sich angezogen und die Kaffeemaschine in Gang gesetzt. Die Zeitung lag aufgeschlagen auf dem Tisch, an den sie sich gleich mit einer ersten Tasse Kaffee setzen würde, um die Schlagzeilen des Tages und den Wirtschaftsteil ausgiebig zu studieren.*

*Noch ahnte sie nichts davon, dass ihr Bild schon bald auf der ersten Seite der Zeitung erscheinen würde. Ein Tastendruck von mir, ein winziger elektrischer Impuls, ein kurzes Aufbäumen, Unverständnis im Blick und dann nur noch tiefe, bodenlose Schwärze. Ich würde ein allerletztes Mal die Wohnung betreten, um den Taser zu demontieren und meine digitalen Spuren aus dem Sicherheitssystem zu löschen. Somit war jegliche Verbindung zwischen mir und der Frau gekappt. Sowie ich die Tür hinter mir ins Schloss gezogen hatte, war sie nur noch eine Episode für mich, nicht wert, einen weiteren Gedanken an sie zu verschwenden.*

## Neunzehntes Kapitel

»Ich habe heute mit dem Beamten sprechen können, der damals den Unfall von Michael Lohmeier aufgenommen hat«, berichtete Ivonne am Montagabend. »Er erinnerte sich noch ganz genau daran, wie die Eltern auf die Todesnachricht reagiert hatten, denn so etwas hatte er in seiner ganzen Laufbahn noch nie erlebt. Früh am Morgen, wenige Stunden nach dem Unfall, tauchte die völlig bekiffte Tochter vor der Haustür des Elternhauses auf. Sie wusste noch nichts vom Unfall ihres Bruders. Der Vater schlug ihr, kaum dass sie zur Tür hereingekommen war, mit voller Wucht ins Gesicht, sodass sie der Länge nach hinschlug. Er hat sie angebrüllt und ihr die Schuld am Tod seines Sohnes gegeben.«

»Hat ihr wenigstens die Mutter beigestanden?«

Ivonne schüttelte den Kopf.

»Frau Lohmeier saß teilnahmslos auf dem Sofa und ließ ihren Mann gewähren, ohne einzuschreiten. Der Beamte meinte, sie hätte zu sehr unter Schock gestanden, als das sie auf ihren Mann hätte einwirken können.«

»Oh Mann, dann ist genau das eingetreten, was du bereits vermutet hattest.«

Florian konnte es nicht fassen.

»Wie alt war Frau Schuermann damals?«, fragte er.

»Gerade mal zwanzig.«

»Scheiße.«

»Du sagst es. Ab da ging es mit Nicole bergab. Noch härtere Drogen, Suff, Aufenthalt in psychiatrischen Kliniken, abgebrochene Entzüge ... das volle Programm. Danach der erfolglose Ausflug in die Model Branche. Anschließend ist sie ein paar Jahre wie vom Erdboden verschwunden ... und dann die Hochzeit des Jahres.«

»Arrangiert als Deal mit lohnender Mitgift.«

Ivonne zuckte die Schultern.

»Wahrscheinlich wollte der Vater sie endlich loswerden, koste es was es wolle.«

»Herr Schuermann erlöst die Familie von dem *enfant terrible* …«

»… und bekommt als Lohn das Grundstück gratis überdrauf.«

»Wie im Mittelalter.«

»Schlimmer«, seufzte Ivonne und nahm einen kräftigen Schluck Bier.

»Verschachert an den nächstbesten, der bereit ist, sie zur Frau zu nehmen, trotz ihrer Vorgeschichte«, meinte Florian angewidert.

»Oder vielleicht gerade deswegen«, widersprach Ivonne.

»Mit diesen Erfahrungen, die Frau Schuermann als junge Frau gemacht hat, war sie das perfekte Opfer. Herr Schuermann konnte nun den Spieß umdrehen. Vom Tag der Hochzeit an, war er der Mann im Haus. Er hatte das Sagen und war nicht länger das Opfer.«

»Endlich hatte er die Macht über ein Wesen, dass ihm schutzlos ausgeliefert war. Es muss von Anfang an die Hölle für Frau Schuermann gewesen sein.«

»Und dann wird sie auch noch schwanger. Spätestens jetzt wird sie alle Fluchtpläne, wenn es sie überhaupt je gab, über Bord werfen.«

»Sie nimmt eher alle Misshandlungen und Demütigungen in Kauf, als auf ihren Sohn zu verzichten.«

Ivonne empfand mehr und mehr Mitleid für Frau Schuermann, obwohl sie sich gleichzeitig vor Augen führte, dass diese schon längst die Reißleine hätte ziehen müssen, falls ihre Vermutungen zutrafen.

Aber Ivonnes Erfahrung lehrte sie, dass die meisten Frauen zu lange zögerten. Dass sie festhielten an einer Ehe, die diesen Namen schon lange nicht mehr verdiente, und irgendwann den Absprung in ein unabhängiges und selbstbestimmtes Leben verpassten. Entweder weil sie finanziell abhängig waren oder verlernt hatten, selbst Entscheidungen zu treffen und ihr Leben in die Hand zu nehmen. Leidtragende waren letztendlich nicht nur die Frauen selbst, sondern auch immer wieder die Kinder.

Ivonne rieb sich die Schläfen.

Manchmal wollte sie diese Art Frauen einfach nur nehmen und kräftig durchschütteln, damit sie endlich aus ihrer Erstarrung und Untätigkeit erwachten.

»Sie tut dir leid, stimmt's?«, fragte Florian, der Ivonne die ganze Zeit beobachtet hatte.

»Ja und nein«, entgegnete sie und ließ ihn an ihren Gedanken teilhaben. »Natürlich tut sie mir leid und ich wünschte, mir stünden Mittel zur Verfügung, sie und ihren Sohn aus der ganzen Sache herauszuholen. Aber der Impuls muss von ihr kommen. Sie muss den ersten Schritt tun. Ich kann sie nicht retten, wenn sie nicht gerettet werden will.«

»Und du meinst, davon ist sie noch meilenweit entfernt?«

»Wenn du die Hütte gesehen hättest, in der sie wohnt, und den Garten, ihre Kleidung, ihren Schmuck…«

»Du meinst den berühmt berüchtigten goldenen Käfig?«

Ivonne nickte.

»Da fällt es schwer, die Tür aufzustoßen und wegzufliegen. Vor allen Dingen, wenn einem über die Jahre die Flügel gestutzt worden sind.«

»Oder ein anderer den Schlüssel fest in der Hand hält.«

*Ich frage mich die ganze Zeit, wie die Polizei an die Rechnung gekommen ist? Ich hatte doch alle Belege, die auf mein Unternehmen hinwiesen, aus dem Haus entfernt, und somit jede Verbindung zwischen mir und der Frau gekappt. Ebenso hatte ich darauf achtgegeben, niemals mit einem Servicewagen meiner Firma vorzufahren. Für den Fall, dass ein allzu neugieriger Nachbar auf diesen aufmerksam wurde. Jeder andere x-beliebige Elektrobetrieb hätte den Einbau durchführen können.*

*Die Verkaufsunterlagen auf meiner Seite konnte ich natürlich nicht verschwinden lassen. Das wäre bei der nächsten Steuerprüfung aufgefallen. Was wenn die Kommissarin auch noch auf die anderen beiden Installationsaufträge stieß, und dadurch einen möglichen Zusammenhang zwischen den Frauen und meinem Unternehmen herstellte?*

*Diese Frau Holtkämper, die mir ihren Dienstausweis drei Sekunden unter die Nase gehalten hatte, bevor sie ihn wieder in der Innentasche ihrer alten abgewetzten Lederjacke verschwinden ließ. Sofort nachdem sie und ihr Kollege mein Büro verlassen hatten, holte ich mir den entsprechenden Ordner mit den Stundenzetteln aus der Buchhaltung und überprüfte, ob ich irgendeinen Beleg gegengezeichnet hatte. Nein, so dumm bin ich natürlich nicht gewesen. Ich hatte den Arbeitsnachweis von unserer Aushilfe unterschreiben lassen. Der war so strunz dumm und vergesslich, dass er sich auf keinen Fall an eine Installation erinnern würde, die nun fast sechs Monate zurücklag. Ich war auf der sicheren Seite, beruhigte ich mich. Die Kommissarin stocherte augenscheinlich nur im Nebel.*

# Verdacht #1

Das Gespräch mit der jungen Kommissarin ging mir nicht aus dem Kopf. Sie hatte mich völlig verwirrt zurückgelassen, obwohl sie bei ihren Fragen sehr behutsam vorgegangen war. Ich fühlte mich eher wie bei einem dieser Interwies, die die lokale Presse von Zeit zu Zeit durchführte, als sogenannte Homestory. Auch unser Gespräch ähnelte mehr einer lockeren Unterhaltung, als einer Befragung oder gar einem Verhör. Aber warum überhaupt hatte die Kommissarin mich aufgesucht? Irgendetwas musste sie dazu bewogen haben, aber was? Ich war mir keines Vergehens bewusst und Tobias war sicher im Internat. Also konnte das Interesse der Kommissarin nur mit Wolfgang zu tun haben. Mein Puls beschleunigte sich. Ich versuchte mich zu erinnern, ob sie erwähnt hatte, für welches Dezernat sie arbeitete. War es Betrug, Sitte oder Mord?

## Zwanzigstes Kapitel

»Die Überprüfung der Vermögensverhältnisse des letzten Opfers hat ergeben, dass sie über einen Zeitraum von knapp sechs Monaten immer wieder höhere Beträge in bar abgehoben hat«, berichtete Ivonne nachdem sie und Florian gemeinsam zu Abend gegessen hatten und sich über die weiteren Ermittlungsergebnisse austauschten.

»Okay«, meinte Florian, »gehen wir davon aus, dass die Frau dem Täter das Geld freiwillig gegeben hat, denn offensichtlich abzocken kann er sie nicht. Dann hätte sie sich gewehrt. Er muss ihr irgendeine Gegenleistung dafür angeboten haben.«

»Das pure Vergnügen, die Frau an seiner Seite zu sein?«, spottete Ivonne und schüttelte gleichzeitig den Kopf, da sie ihre Idee selbst für sehr unwahrscheinlich hielt. Ohne Frage, Herr Schuermann sah gut aus und konnte wahrscheinlich überaus charmant sein, wenn er es darauf anlegte. Aber das allein würde auf die Dauer nicht ausreichen, den Frauen diese hohen Summen abzuschwatzen ohne wirklichen Gegenwert.

»Auf jeden Fall scheint Herr Schuermann nicht die Absicht zu haben, sich von seiner Frau zu trennen. Ich denke, sein Ruf und sein Ansehen sind ihm sehr wichtig. Nicht nur persönlich, sondern auch in geschäftlicher Hinsicht. Bei Handwerkern läuft garantiert ein großer Teil der Werbung gerade über Mundpropaganda und Empfehlungen. Außerdem hat Herr Schuermann sehr viel Geld und Zeit in sein Image als Gutmensch investiert.«

»Also, wie kommt Herr Schuermann an das Vermögen der Frauen?«, nahm Florian den Faden wieder auf.

»Wenn es nicht die Aussicht auf eine Heirat ist, was dann? Irgendetwas muss er ihnen in doch angeboten haben.«

»Eine Partnerschaft im Betrieb? Als stiller Geldgeber im Hintergrund? In Zeiten der Nullzinspolitik vielleicht keine schlechte Geldanlage, je nach Vereinbarung«, überlegte Florian laut.

»Das hatte ich auch vermutet, daher habe ich mir die Bilanzen der letzten Jahre vorlegen lassen.«

»Und?«

»Kein stiller Teilhaber, alles ordnungsgemäß versteuert, alle fünf Firmenwagen angemeldet ...«, zählte Ivonne auf. »Wir haben nichts gefunden.«

Sie hatten eine weitere Spur verfolgt, die zu keinem Ergebnis, zu keinem Beweis geführt hatte. Sie saßen an ihrem Stammplatz bei Paolo und Ivonne berichtete Florian von den mageren Ermittlungsergebnissen des Tages, und selbst die gute Laune des Italieners konnte Ivonne nicht von dem Misserfolg ablenken.

»Das gibt es doch nicht, ich ...« Florian stutzte.

»Warte mal«, meinte er, »sagtest du gerade fünf Autos?«

Ivonne nickte, schaute aber sicherheitshalber nochmal in den Unterlagen nach.

»Ja, hier steht es, fünf Servicefahrzeuge.«

»Ruf bitte nochmal die Homepage der Firma auf. Ich könnte schwören, dass auf dem Foto auf der Startseite mehr als fünf Wagen abgebildet waren.«

Ivonne fuhr ihren Laptop hoch, rief die Internetseite auf und schaute unter *Über uns* nach. Die Aufnahme zeigte den Hof des Unternehmens, den Chef mit seinen Angestellten und den Firmenwagen.

Tatsächlich, auf dem Foto waren eindeutig sechs Servicefahrzeuge zu sehen. Doch Ivonne zuckte die Schultern.

»Es könnte ein altes Foto sein und er hat den Wagen inzwischen abgemeldet«, gab sie zu bedenken.

»Oder aber dieses Fahrzeug wurde vom letzten Opfer gesponsert.«

»Du meinst als unauffällige stille Beteiligung?«

Florian zuckte die Schultern.

»So ein komplett ausgestatteter Servicewagen kostet bestimmt an die sechzigtausend Euro, wenn nicht sogar noch mehr. Vielleicht versprach er ihr, dafür eine monatliche Rate mit einer guten Verzinsung zu zahlen.«

»Aber so ein Firmenfahrzeug least man doch eigentlich.«

»Ja, aber dann wäre es offiziell. Ich glaube, er hat das Ganze an den Büchern vorbei gedeichselt. Damit es keine Spuren und keine Verbindung zu der Frau gibt.«

»Und weil er niemals vorhatte, das Geld zurückzuzahlen, falls das Opfer von der Vereinbarung zurücktreten wollte.«

»Sie drohte ihm, alles zu verraten, wenn er ihr nicht sofort das Geld zurückgeben würde.«

»Ein klassisches Motiv!«, schloss Ivonne und ihre Laune hatte sich schlagartig verbessert.

»Die Servicefahrzeuge sehen alle gleich aus, haben voraussichtlich fortlaufende Nummernschilder und sind wahrscheinlich nie alle zur selben Zeit auf dem Hof. Irgendein Mitarbeiter ist bestimmt immer unterwegs oder darf das Auto als Dienstfahrzeug auch für den Heimweg nutzen.«

»Auf diese Weise kann Herr Schuermann die genaue Anzahl seiner Autos recht einfach verschleiern.«

»Nur beim Fototermin für die Homepage hat er einen Fehler gemacht, dieser Angeber«, entfuhr es Ivonne.

»Früher oder später machen sie alle Fehler!«

»Hm«, machte Florian und grinste frech, »wie oft werden so Servicewagen eigentlich polizeilich überprüft?«

»Nicht häufiger oder seltener als andere Verkehrsteilnehmer. Solange sie nicht durch überhöhte Geschwindigkeit oder sonstige Verstöße auffallen, vielleicht nie«, meinte Ivonne. »Worauf willst du hinaus?«

»Ich an deiner Stelle, würde deinen Kollegen von der Verkehrspolizei morgen früh einen ganz speziellen Sonderauftrag erteilen ...«

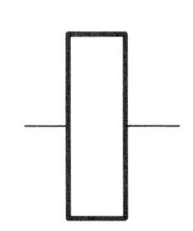

# Einundzwanzigstes Kapitel

*G*leich fünf WhatsApp Nachrichten von meinen Mitarbeitern poppten kurz hintereinander auf dem Display meines Smartphones auf. Sie alle waren heute, kurz nachdem sie das Werksgelände verlassen hatten, von der Verkehrspolizei angehalten und kontrolliert worden. Das konnte kein Zufall sein. Dahinter steckte bestimmt wieder diese Kommissarin. Ich muss zugeben, ich habe sie unterschätzt. Ob sie etwas über das zusätzliche Fahrzeug weiß, das natürlich nicht auf meinen Namen angemeldet ist? Ein Glück, dass der Wagen heute nicht im Einsatz ist, sondern in unserer ehemaligen Werkshalle am Rande der Stadt steht, weil ich morgen einen Ölwechsel durchführen lassen wollte. Nun gilt es, diesen Wagen umgehend abzumelden. Das mache ich am besten selber und zwar sofort.

»Wie viele Autos habt ihr kontrollieren können?«, fragte Ivonne ihren Kollegen per Funk.

»Fünf.«

»Verdammt, es müssten sechs sein.«

»Es sind nur fünf Fahrzeuge vom Hof gefahren. Diese haben wir alle angehalten und die Papiere überprüft. Sie waren alle auf Herrn Schuermann zugelassen.«

»Okay, vielen Dank.«

»Keine Ursache. Wir könnten heute Nachmittag eine Zivilstreife in der Nähe der Zufahrt zur Werkstatt platzieren und nochmals die Anzahl der Fahrzeuge und die Nummernschilder kontrollieren. Wenn dir das hilft.«

»Sehr gute Idee, macht das bitte.«

»Ich kümmere mich darum und melde mich dann später bei dir.«

»Und, hat alles geklappt?«, fragte Florian und setze sich zu Ivonne an den Tisch des kleinen Cafés. Erneut nutzten sie seine Mittagspause, um sich gegenseitig auf den neuesten Stand zu bringen.

»Heute Morgen fanden, wie vereinbart, die allgemeinen Verkehrskontrollen statt, aber es waren nur fünf Wagen und alle ordnungsgemäß von Herrn Schuermann auf seinen Namen beziehungsweise auf die Firma angemeldet. Und auch sonst ist den Kollegen nichts aufgefallen. Aber sie bleiben dran und kontrollieren die Anzahl der Fahrzeuge heute Abend nochmals.«

Florian runzelte die Stirn.

»Sag mal, ihr könnt doch Halterabfragen starten, richtig?«

»Klar, gib mir ein Autokennzeichen und ich starte eine Dienstabfrage beim Kraftfahrbundesamt. Dort sind alle Halter registriert.«

»Geht das auch andersherum. Ich meine, du gibst einen Namen ein und du erfährst welche Fahrzeuge auf ihn zugelassen sind?«

»So ist es«, bestätigte Ivonne und lächelte. »Du denkst mehr und mehr wie ein Ermittler. Im Moment warte ich auf den Rückruf meines Kollegen. Er hat den Auftrag, herauszufinden, welche Fahrzeuge auf den Namen unseres letzten Opfers zugelassen sind. Wenn wir Herrn Schuermann den Besitz dieses Fahrzeuges nachweisen können, haben wir eine erste direkte Verbindung zwischen ihm und der Frau. Dann kann er sich nicht mehr rausreden, wie bei den Stundenzetteln. Dann wird er erklären müssen, wieso die Frau ihm einen Firmenwagen gesponsert hat.«

»Er könnte behaupten, sie hätte es ihm geschenkt.«

»Als Dankeschön für die tolle Zusammenarbeit«, meinte Ivonne ironisch, »aber du hast Recht. Das alleine reicht noch nicht. Es ist nur ein weiteres Puzzlestück, ein weiterer Hinweis, dass sie sich kannten. Was wir brauchen sind handfeste Beweise.«

Ivonnes Smartphone klingelte.

Florian musste nicht fragen, Ivonnes Mimik sprach Bände. Die Anfrage ihres Kollegen war negativ ausgefallen, es war kein Sprinter auf das letzte Opfer zugelassen.

»Verdammt«, fluchte Ivonne und rieb sich über die Stirn.

»Wir werden weitere Hinweise finden, da bin ich mir sicher.«

Ivonne lächelte müde und machte keinen Versuch, ihre Enttäuschung zu verbergen.

*Gut dass ich sofort reagiert habe. Eine Stunde später und ich hätte ich in einer langen Schlange in der Zulassungsstelle festgesteckt. Nun ist das Auto abgemeldet. Ob ich es wirklich verschrotte überlege ich noch. Es wäre einfach zu schade. Erst einmal verstecke ich es weiterhin in der alten Werkshalle unter einer Plane. Dort wird so schnell keiner nachschauen. Und wenn sich die Wogen geglättet haben, tausche ich den neuen Wagen gegen einen der anderen Fahrzeuge aus, der schon erheblich mehr Kilometer auf dem Buckel hat. Den können wir dann ausschlachten und als Ersatzteillager nutzen. Aber ich befürchte, die Kommissarin wird nicht locker lassen. Ich werde ihr einen Denkzettel verpassen müssen, damit sie aufhört in meiner Vergangenheit zu stochern und Informationen über mich zu sammeln.*

*Ich sollte meine guten Kontakte zum Bürgermeister nutzen, um sie in ihre Schranken zu weisen. Der arrogante Kerl schuldet mir seit der letzten Wahl noch einen Gefallen. Vielleicht gibt die Kommissarin endlich auf wenn sie eine Abmahnung von ihrem Vorgesetzten bekommt.*

## Zweiundzwanzigstes Kapitel

Als Ivonne und Florian sich am nächsten Abend in Florians Wohnung trafen, war Ivonnes Laune auf dem Tiefpunkt. Ungefragt reichte Florian ihr eine Flasche Bier und stellte eine große Schüssel Chips auf den Tisch. Er ließ ihr Zeit, anzukommen und ihren Ärger hinunterzuspülen. Er kannte sie mittlerweile gut genug um zu wissen, wann es besser war, einfach die Klappe zu halten und abzuwarten. Überrascht war er aber dennoch über das Ausmaß von Ivonnes Niedergeschlagenheit, denn, auch wenn sie der letzte Hinweis nicht wirklich weitergebracht hatte, so ließ sich sie von solchen Rückschlägen eigentlich nicht unterkriegen. Im Gegenteil, das spornte sie umso mehr an. Es musste etwas anderes vorgefallen sein, seit sie sich das letzte Mal gesehen hatten.

»Ich bin heute ins Büro des Dienststellenleiters zitiert worden«, begann Ivonne.

*Aha, daher weht der Wind*, dachte Florian, sagte aber nichts und ließ Ivonne weiter erzählen.

»Ich wurde gefragt, warum ich einem unbescholtenen Bürger auf die Pelle rücke und Befragungen in seinem familiären Umfeld durchführe, die jeglicher rechtlichen Grundlage entbehren. Warum ich die Beamten der Verkehrspolizei einspanne und eine honorable Person der Stadt schikaniere. Pah!«

Ivonne nahm einen tiefen Schluck.

»Es gäbe schließlich keine eindeutigen Beweise, die darauf hinwiesen, dass der allseits beliebte und sozial über die Maßen engagierte Herr Schuermann irgendetwas mit dem Tod der Frau zu tun hätte.

Mir wurde vorgeworfen, ich hätte mich in der Sache verrannt und würde Zusammenhänge herstellen, wo es keine gäbe. Wenn ich nicht mehr vorzuweisen hätte, als einen alten Stundenzettel soll ich mich von ihm fernhalten.«

Ivonne stellte die Flasche Bier ab und griff sich stattdessen die Schüssel mit den extra scharfen Kartoffelchips.

»Aber da du bekanntermaßen ein Terrier bist, wirst du natürlich nicht locker lassen.«

»Im Leben nicht!«, bestätigte Ivonne Florians Vermutung und brachte ihn zum Lachen.

»Dann halten wir einfach ein paar Tage die Füße still und wiegen den feinen Herrn in Sicherheit«, schlug er vor.

»So lautet der Plan«, bestätigte Ivonne erneut und hielt sich an den leckeren Chips gütlich, was Florian ein weiteres Mal zum Schmunzeln brachte.

»Apropos Füße still halten. Da das Wochenende vor der Tür steht hätte ich ein Alternativprogramm zum Aktenwälzen und Kopfzerbrechen.«

»Und das lautet?«, fragte Ivonne.

»Hm, es soll eine Überraschung werden, deshalb würde ich ungern mehr verraten. Außer dass du dich leger kleiden und bequeme Schuhe tragen solltest.«

»Ich gehe nicht wandern«, stellte Ivonne sofort klar. »Ich hasse wandern!«

Florian grinste.

»Kein Wandern, versprochen.«

Auf dem Weg nach Hause gingen Ivonne erneut die Worte des Dienststellenleiters durch den Kopf. Hatte er vielleicht Recht? Hatte sie sich wie ein Terrier festgebissen und war nun nicht mehr in der Lage, loszulassen? Verließ sie den Pfad der Professionalität und ließ sich von ihren Gefühlen leiten? Nur weil Herr Schuermann ihr unsympathisch war, musste er nicht zwangsläufig der Täter sein.

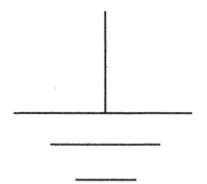

# Dreiundzwanzigstes Kapitel

*Ich werde den Spieß umdrehen. Nur zur Sicherheit, falls der Rüffel, den die Kommissarin heute hoffentlich erhalten hat, keine Wirkung zeigt. Ich werde mich ebenfalls in ihr Leben einschleichen, so wie sie es bei mir getan hat. Sie wird irgendwo eine Schwäche haben und genau dort werde ich ansetzen. Ich halte mich im Schatten der knorrigen Eiche, die auf der anderen Straßenseite, gegenüber dem Polizeirevier steht. Von hier aus habe ich den Mitarbeiterparkplatz perfekt im Blick. Sobald die Kommissarin das Präsidium verlässt, hänge ich mich an ihre Fersen. Ich hoffe, sie fährt nicht noch erst einkaufen, sondern direkt nach Hause.*

*Na endlich, da kommt sie durch die Tür. Sie steigt in einen alten, klapprigen VW Käfer Cabriolet. Der passt perfekt zu ihrer ausgewaschenen Jeans, der billigen Bluse und der abgewetzten Lederjacke. Die Farbe des Autos, hellblau mit weißem Lederdach, ist so markant, da es ein Einfaches sein wird, ihr zu folgen, ohne selbst aufzufallen. Ich steige in meinen Wagen und folge ihr mit ausreichendem Abstand. Sie lenkt ihre Karre in Richtung Neubausiedlung im Norden der Stadt. Die Wohnungen dort sind definitiv nicht ihre Preisklasse. Ich hoffe, sie fährt nicht noch aus der Stadt heraus, das würde eine unauffällige Verfolgung erschweren! Jetzt scheint sie ihr Ziel erreicht zu haben, denn sie hält an. Ein Typ wartet auf dem Bürgersteig auf sie. Ihr Freund vielleicht? Jedenfalls lachen sie und scheinen sehr vertraut miteinander zu sein. Nun steigen sie auf zwei E-Bikes und machen sich auf den Weg. Okay, dass könnte länger dauern.*

*Der Rüffel jedoch scheint gewirkt zu haben, denn sie lässt die Ermittlungen ruhen, wenigstens vorerst. Das verschafft mir ein bisschen Zeit, weitere Spuren zu beseitigen. Trotzdem werde ich später nochmal vorbeischauen. Ich will unbedingt wissen, wo die Kommissarin wohnt, falls eine Zurechtweisung allein nicht ausreichen sollte, sie im Zaum zu halten.*

»Wow, woher hast du denn das zweite E-Bike?«, wollte Ivonne wissen, nachdem sie ihren Käfer geparkt und ihren kleinen Rucksack auf den Rücken geschnallt hatte.

»Das habe ich mir bei meinem Fahrradhändler geliehen. Ich habe ihm gesagt, dass ich eventuell eine Interessentin dafür hätte, sie es aber gerne mal ein Wochenende lang testen möchte.«

»Du hast geflunkert«, lachte Ivonne während sie das Pedelec inspizierte.

»Okay, ein bisschen«, gab Florian zu, »aber ich lasse regelmäßig einen Haufen Geld in dem Laden, und außerdem ist es ein Ausstellungsstück vom letzten Herbst.«

»Na, dann los, bevor das Wetter es sich anders überlegt. Gibt es etwas irgendetwas, was ich berücksichtigen muss?«

Florian erklärte Ivonne die Funktionen, die auf dem Display erschienen und zeigte ihr die Gangschaltung. Als letztes zauberte er einen Helm aus der Satteltasche und reichte ihn Ivonne, die daraufhin das Gesicht verzog.

»Die Dinger – er zeigte auf die beiden Räder – sind schnell, verdammt schnell«, insistierte Florian und hielt Ivonne weiterhin den Helm vor die Nase.

»Okay, her damit«, sagte sie schließlich und stülpte ihn sich über den Kopf.

»Ich hätte nicht gedacht, dass es so viel Spaß macht«, meinte Ivonne, als sie eine Stunde später an einem gemütlichen Biergarten eine Pause einlegten.

»Also, habe ich dir nicht zu viel versprochen?«, fragte Florian.

»Auf keinen Fall. Ich denke du hast mich mit dem E-Bike Virus infiziert.«

»Tja, einmal gefahren und man möchte nie wieder absteigen.«

»Fast«, meinte Ivonne und grinste.

Sie schlossen die beiden E-Biks ab und begaben sich zu einem der vorderen Tische, als Ivonne plötzlich stehenblieb und sich umdrehte.

»Oh nein«, stöhnte sie, »nicht der hier.«

Sie verzog das Gesicht.

»Wen meinst du?«, fragte Florian und wollte sich gerade umdrehen, als er Ivonnes Hand auf seinem Unterarm spürte.

»Nicht«, sagte sie leise, »ich will nicht, dass er mich sieht.«

»Wer denn?«, wollte Florian wissen und hoffte inständig, dass sie nicht einen nervigen Exfreund von Ivonne getroffen hatten.

»Die Aushilfe von Firma Schuermann. Der, der angeblich die Hausanlage installiert hat.«

»Der, der sich – deiner Einschätzung nach – nicht einmal die Schuhe alleine zubinden kann?«, fragte Florian.

»Genau der!«

»Meinst du, der erinnert sich an dich?«

Ivonne zuckte die Schultern. Plötzlich machte sich ein Grinsen auf Florians Gesicht breit.

»Was?«, wollte Ivonne wissen.

»Mich kennt er ja bis jetzt noch nicht.«

»Sei froh drum.«

»Sitzt er alleine am Tisch?«

Ivonne warf vorsichtig einen Blick über Florians Schulter und nickte.

»Was hast du vor?«

»Tja, tut mir leid Ivonne«, sagte Florian immer noch grinsend, »ich hab´ jetzt ein anderes Date. Bis später.«

Florian steckte sein Smartphone in die rechte Brusttasche seines Jeanshemdes und machte sich auf den Weg.

»Sie sind es oder täusche ich mich?«, fragte Florian den völlig verblüfften Mann, der sich gerade über seine Manta-Platte hermachen wollte. »Elektrotechnik Schuermann, richtig?«

Der Angesprochene nickte zögerlich, immer noch verwirrt, warum der fremde Mann ihn das fragte.

»Wusste ich es doch. Ich habe Ihrem Arbeitgeber die Homepage eingerichtet. Erinnern Sie sich? Die Fotos auf dem Betriebshof, die habe ich gemacht.«

»Aha.«

»Darf ich mich einen Moment zu Ihnen setzen?«

»Äh ja, warum nicht. Stört es Sie wenn ich esse? Es wird ja sonst kalt«, meinte die Aushilfe und deutete auf seinen Teller.

»Natürlich, natürlich. Darf ich Ihnen noch etwas zu trinken bestellen?«

Diese unverhoffte Einladung ließ sich der Angesprochene natürlich nicht entgehen.

»Klar.«

Florian bestellte ein stilles Wasser für sich und ein Bier für seinen Tischnachbarn.

»Ich heiße übrigens Michael.«

»Ich bin der Toni.«

»Na denn, Prost Toni und guten Hunger.«

Das ließ sich Toni nicht zweimal sagen und langte ordentlich zu.

»Wissen Sie, ich war damals absolut begeistert von Ihrer Firma«, spann Florian seine Lügengeschichte weiter. »Seit Herr Schuermann Junior das Sagen hat, hat sich ja einiges getan. Der Betrieb ist in den vergangenen Jahren enorm gewachsen. So viele Mitarbeiter und ein respektabler Fuhrpark, wenn ich mich recht erinnere. Wie viele Servicewagen sind es noch gleich? Fünf oder sechs?«

Florian mimte angestrengtes Nachdenken und wartete geduldig, aber die Antwort kam bereits nach dem nächsten Happen.

»Sechs, es sind sechs.«

»Ach ja, richtig«, bestätigte Florian.

»Den letzten haben wir erst vor einem halben Jahr bekommen. Funkelnagelneu mit allem Pipapo«, gab Toni bereitwillig Auskunft.

»Ja, ihr Chef, der lässt sich nicht lumpen, was? Immer nur das Beste für seine Mitarbeiter. Brummt aber auch der Laden, was? Da braucht der Chef bestimmt selber keinen Finger mehr krumm machen.«

»Von wegen«, erwiderte sein Gegenüber, »die ganz großen Aufträge erledigt er immer noch selber. Die sind Chefsache.«

»Ach nee«, spielte Florian den Überraschten. »Du verarschst mich.«

»Nein, wenn ich es dir sage«, beharrte Toni. »Besonders wenn die Auftraggeber attraktive Frauen sind, wenn du verstehst, was ich meine.«

»Nee, jetzt willst du mich aber echt auf den Arm nehmen.«

Toni zuckt nur mit den Schultern und piekte sich das nächste Stück Currywurst auf die Gabel.

»Mann, Mann, Mann«, meinte Florian und lehnte sich in seinem Stuhl zurück. »Dabei hat er doch so eine gutaussehende Frau. Wenn ich mich nicht irre, war die sogar mal Model.«

»Na ja, hübsch ist sie vielleicht, aber…«

Toni hob seine Bierflasche und schwenkte sie hin und her.

»Was? Sie trinkt?«

Toni nickte.

»Aber natürlich nur die ganz feinen Sachen, mit einem schnöden Bier gibt die sich nicht zufrieden. Die verbringt die Tage da draußen in ihrer schicken Villa mehr besoffen als nüchtern. Aber ist ja 'nen schönen Kasten, den er ihr da hingestellt hat, da kann sie sich ja eigentlich nicht beschweren.«

»Oh Mann«, wiederholte sich Florian, dem im Moment nichts Besseres einfiel.

Um Zeit zu gewinnen, bestellte er ein weiteres Bier für Toni, der nichts dagegen einzuwenden hatte, so einem spendablen Tischnachbarn gegenüber zu sitzen. Tonis Teller leerte sich mit rasender Geschwindigkeit, denn er aß und schluckte, ohne sich groß um das Kauen zu kümmern. Gemäß seinem medizinischen Eid hätte Florian ihn eigentlich über die Folgen dieser ungesunden Art der Nahrungsaufnahme aufklären müssen, aber damit hätte er seine perfekte Tarnung als Fotograf und Homepage Designer aufs Spiel gesetzt. Da Toni fast fertig mit Essen war, überlegte Florian fieberhaft, wie er das Gespräch am Laufen halten konnte.

Toni hatte ihm, ohne dass es ihm bewusst war, wichtige Hinweise gegeben, beziehungsweise ihre Verdachtsmomente gegen Herrn Schuermann erhärtet.

*Hoffentlich bleibt er in Plauderlaune*, hoffte Florian und nahm den Gesprächsfaden wieder auf. Dabei schlug er sich absichtlich auf die Seite von Herrn Schuermann.

»Da kann einem dein Chef ganz schön leidtun.«

»Na ja«, feixte Toni, »ein Heiliger ist der auch nicht.«

»Aha.«

Florian war gespannt, in welche Richtung sich das Gespräch nun entwickelte. Er hütete sich davor, von sich aus weiter zu bohren, sondern ließ sein Gegenüber selbst entscheiden, wohin die Reise gehen würde.

»Er bezahlt uns schon recht ordentlich, aber dafür triezt er uns auch ganz schön.«

*Okay, nicht ganz die Information, die ich erhofft hatte,* dachte Florian enttäuscht, mimte aber weiterhin den Interessierten.

»Pünktlich Feierabend haben wir selten und nicht jede Überstunde wird abgerechnet.«

»Habt ihr keinen Betriebsrat?«

»Das will der Chef nicht. Wem das nicht gefällt, der kann ja gehen, sagt er immer.«

»Puh, dann ist das Betriebsklima ja doch nicht so gut.«

»Ach, es geht schon. Wie gesagt, er bezahlt ja ordentlich. Und seine üblen Scherze treibt er nur manchmal.«

»Was für Scherze sind denn das?«, wagte Florian zu fragen, und hoffte, nicht zu weit gegangen zu sein. Doch darüber musste er sich keine Sorgen machen.

Die mittlerweile dritte Flasche Bier hatte Tonis Zunge gelöst und etwaige Bedenken gegen das Ausplaudern von Interna längst beiseitegeschoben. Er benahm sich, als würden er und Florian sich schon seit Jahren kennen.

»Na ja, die Scherze, die er immer mit den neuen Azubi am Ende der Probezeit treibt. Diese alte *Tradition* hat er vom Alten übernommen. Ich sach nur, wie der Vater, so der Sohn. Der Chef legt den Lehrlingen einen Schaltplan auf den Tisch und fordert sie auf, den Fehler zu finden.«
Florian zuckte mit den Schultern.
»Ja, und?«
»Der Lehrling sitzt dabei auf einem elektrischen Stuhl.«
Toni setzte das Wort elektrisch in Gänsefüßchen.
»Bitte?«
»Na ja, es ist eigentlich nur ein einfacher Holzstuhl, aber die Schrauben der Sitzfläche stehen unter Strom.«
»Nicht dein Ernst.«
»Natürlich nur ein bisschen, nicht lebensbedrohlich«, wiegelte Toni sofort ab, »aber eben an einer ungünstigen Stelle am Körper eines Mannes, wenn du verstehst, was ich meine.«
Florian wusste nicht, was er auf diese Aussage erwidern sollte. Zu unglaublich war die Information, die ihm Toni da gerade freimütig erzählte.
»Na, jedenfalls lässt der Chef die Jungs gern ein bisschen zappeln, während die verzweifelt versuchen, den Fehler zu finden.«
Florian traute seinen Ohren kaum.
»Aber das Beste kommt noch«, fuhr Toni fort, »es gibt überhaupt keinen Fehler.«

In diesem Moment klingelte Florians Smartphone.
»Oh, entschuldige Toni, da muss ich rangehen.«
Anhand des Klingeltons wusste er genau wer ihn angerufen hatte.
»Hallo Schatz, schön dass du anrufst.«

»Florian, lass den Quatsch. Ich wollte nur mal hören, ob du klar kommst.«

»Ja, alles bestens. Ich habe einen alten Kumpel getroffen und wir haben uns ein wenig festgequatscht.«

Florian grinste Toni an und hielt den Daumen hoch. Toni hob im Gegenzug seine Bierflasche.

»Also ist euer Gespräch sehr ergiebig.«

»Ja, und der ist total nett.«

»Hast du alles erfahren, was wir wissen müssen?«

»Absolut.«

»Dann übertreib es nicht, sonst schöpft er am Ende noch Verdacht. Außerdem komme ich um vor Hunger.«

»Ja, nein … dann, mache ich mich gleich auf den Weg. Nur ein paar hundert Meter von hier gibt es einen tollen Spanier. Wir treffen uns dort, ja?«

»Verstanden, gib mir fünf Minuten Vorsprung.«

»Klar mache ich, bis gleich.«

Florian beendete das Gespräch und steckte das Smartphone in die Hosentasche.

»Weiber«, meinte er grinsend und zuckte die Schultern, »es geht nicht mit, es geht nicht ohne.«

»Du sagst es«, stimmte Toni ihm zu.

»Ich soll dich schön grüßen. Aber du hast ja gehört, ich muss jetzt los. Dein Deckel geht auf mich«, sagte Florian und legte einen Zwanziger auf den Tisch.

»Danke Mann«, antwortete Toni und hob erneut die Bierflasche zum Gruß.

»Vielleicht sieht man sich mal wieder.«

»Klar, mach´s gut Toni.«

»Hey Mr. Undercover«, begrüßte Ivonne ihn zehn Minuten später, »das war echt Klasse, so eine überzeugende Vorstellung, einfach so aus dem Stehgreif. Es sah von weitem so aus, als wäret ihr beste Kumpel, die sich auf ein Bier treffen, um über alte Zeiten zu quatschen. Dein *Schatz* ist sehr zufrieden.«

Ivonne grinste ihn an und Florian verbeugte sich höflich, bevor er neben ihr am kleinen Ecktisch Platz nahm, den Ivonne im hinteren Teil des Restaurants ausgesucht hatte.

»Aber jetzt mal Spaß beiseite. Erzähl, was hast du herausgefunden? Bringt es uns weiter?«

Florian konnte förmlich Ivonnes Ungeduld spüren und freute sich, ihr entscheidende Informationen geben zu können.

»Das kann Toni dir am besten alles selbst erzählen«, meinte er und hielt ihr sein Smartphone hin. »Ist alles aufgenommen.«

»Du überrascht mich immer wieder, Respekt!«, meinte Ivonne anerkennend.

Sie stöpselte ihre Kopfhörer ein und lauschte angespannt der geheimen Aufnahme der Unterhaltung, während Florian die Getränke bestellte und die Speisekarten entgegennahm.

»Wir haben mit allem Recht«, sagte Ivonne und stoppte die Aufnahme. Ihr Gesicht spiegelte die Fassungslosigkeit wider, die auch Florian zwischenzeitlich empfunden hatte, aber hinter lässigen Sprüchen versteckt hatte.

»Und, hast du den Namen des Spiels wiedererkannt?«

Florian nickte. An diesem Punkt des Gespräches mit Toni wäre er am liebsten vom Tisch aufgesprungen und wäre sofort zur Villa der Familie Schuermann gefahren, um dem Hausherrn eigenhändig die Nase einzuschlagen, ungeachtet der Konsequenzen.

Für ihn stand nun - Beweise hin oder her - zweifelsfrei fest, dass Herr Schuermann seinen Sohn Tobias misshandelt hatte oder vielleicht immer noch tat. Wahrscheinlich sogar mit genau den gleichen perversen Spielchen. Florian war froh, dass Ivonnes Anruf ihn kurze Zeit später aus der immer unangenehmer werdenden Situation befreit hatte.

*Mir reicht es jetzt wirklich. Seit geschlagenen zwei Stunden hocke ich nun schon im Auto und die beiden sind immer noch nicht wieder zurück. Der alte Käfer steht weiterhin als krasser Gegensatz zu dem modernen Gebäudekomplex auf dem Bürgersteig. Ich gebe mir noch eine Viertelstunde, dann lass ich es für heute gut sein und mache am Montag weiter. Ich muss zugeben, ich habe die Kommissarin anfangs unterschätzt. Wenn sie weiter in meiner Vergangenheit herumstochert könnte sie mir gefährlich werden. Ich werde ihr wohl ein wenig mehr Aufmerksamkeit schenken müssen.*

*Na endlich, da kommen sie. Hoffentlich geht sie nicht mit hoch. Ich will mir nicht noch die Nacht um die Ohren schlagen. Nein, offensichtlich hat sie das nicht vor, denn sie verabschieden sich. Die Kommissarin sieht müde aus, als sie in ihren alten Käfer steigt. Nicht so niedergeschlagen wie ich erhofft hatte, aber gerade erschöpft und unkonzentriert genug, sodass ich ihr mühelos folgen kann, ohne dass sie Verdacht schöpft. Sie parkt ihr Auto vor einer alten Stadtvilla. Kurze Zeit später gehen im dritten Stock die Lichter an. Na bitte, jetzt weiß ich wo du wohnst du Schlampe, für alle Fälle. Wenn du nicht aufhörst, hinter mir her zu schnüffeln, werde ich dir einen Besuch abstatten, den du nie wieder vergessen wirst.*

## Vierundzwanzigstes Kapitel

Ivonne hatte sich die Audiodatei von Florian auf ihr Smartphone geladen und sich bereits diverse Male angehört. Noch immer machte sie das Gehörte wütend und sie würde Herrn Schuermann lieber heute als morgen ordentlich in die Mangel nehmen.

Er war ohne Frage ein Arschloch, ein perverser Patriarch, der seine Macht gegenüber seinen Untergebenen ohne jegliche Gewissensbisse ausspielte. Trotzdem, fokussierte sie sich zu sehr auf ihn als Täter? Übersah sie, eingeschränkt durch ihre Scheuklappen-Sicht, möglicherweise wichtige Hinweise, die in eine ganz andere Richtung weisen würden?

»Wir ermitteln jetzt bereits über drei Wochen und haben nichts gegen Herrn Schuermann in der Hand, außer einer ungewöhnlichen Art des privaten Autoleasings, die sich steuerrechtlich gesehen vielleicht am Rande der Legalität befindet, aber nicht verboten ist, und die wir ihm immer noch nicht eindeutig nachweisen können.«

Ivonne hielt inne und nahm einen tiefen Schluck Kaffee, den Florian gerade frisch aufgebrüht hatte. Es war Sonntagmorgen, elf Uhr, Ivonnes bevorzugte Zeit für ein ausgedehntes Frühstück. Florian hatte sich nicht lumpen lassen und ihr diesmal sogar eine Pfanne Eier mit Speck gebraten, von dem Ivonne nun eine Gabel voll auf ihren Teller lud bevor sie mit ihrem Monolog fortfuhr.

»Er betrügt seine Frau, misshandelt wahrscheinlich seinen Sohn und quält seine Angestellten. Aber solange ihn keiner anzeigt, können wir nicht gegen ihn ermitteln.«

»Und die Tatsache, dass seine Firma alle drei Installationen vorgenommen hat reicht nicht?«, fragte Florian.

Ivonne schüttelte den Kopf.

»Das ist bei weitem zu wenig, um Rückendeckung seitens der Staatsanwaltschaft für weitere Ermittlungen zu erhalten, geschweige denn einen Durchsuchungsbeschluss. Und wozu wäre der gut? Es würde uns absolut nichts bringen und wir würden durch eine Hausdurchsuchung keine neuen Erkenntnisse erhalten. So dumm ist Schuermann nicht.«

»Heißt das jetzt, dass du aufgibst?«, fragte Florian überrascht.

»Im Leben nicht«, erwiderte Ivonne, »meiner Auffassung nach ist Herr Schuermann ein Sadist der übelsten Sorte, der bis jetzt mit seinen Taten immer durchgekommen ist. Er wurde noch nie zur Rechenschaft gezogen. Er kam immer ungeschoren davon. Aber alles was wir wissen, vermuten und uns zusammenreimen lässt sich nicht beweisen. Deine Aufnahme von Tonis Aussagen ist nicht verwertbar. Wir haben nichts, jedenfalls was eine Anklage rechtfertigen würde, und nichts was ein mittelprächtiger Winkeladvokat nicht in der Luft zerreißen würde.«

Ivonne lehnte sich zurück und nahm einen letzten Schluck Kaffee aus der Tasse, bevor sie Florian über ihre nächsten Schritte in Kenntnis setzte.

»Irgendwann im Laufe der Ermittlungen erreicht man einen Punkt, da kommt man nicht weiter. Man braucht einen ganz anderen Ansatz und das bringt mich zu meinen nächsten Schritt. Auch wenn die Morde letztendlich vielleicht nur aus reiner Habgier durchgeführt wurden, denke ich nicht, dass Herr Schuermann seine kriminelle Karriere gleich als Frauenmörder begonnen hat.

Er wird davor bereits gewalttätig gewesen sein. Und ich meine nicht nur gegenüber seinen Azubis, seiner Frau und seinem Sohn. Seine Opfer, also die außerhalb der Firma und der Familie, waren höchstwahrscheinlich alles Frauen. Davon können wir ausgehen, und leider stehen in der Nahrungskette die Prostituierten immer ganz hinten, an letzter Stelle. Deshalb fahre ich morgen früh nach Köln ins KK12.«

Florian zog die Augenbrauen hoch.

»Dieses Dezernat befasst sich ausschließlich mit Delikten mit sexueller Gewalt«, erklärte Ivonne. »Ich habe mich bereits gestern mit einem Kollegen, der vor Ort arbeitet besprochen. Ich kann ihm zwar nicht die genauen Vorlieben und Praktiken unseres Tatverdächtigen exakt beschreiben, aber ich habe ihm dessen Faible für elektronische Spielzeuge in groben Zügen geschildert. Außerdem habe ich ihm den wahrscheinlichen Zeitraum genannt, in dem Schuermann aktiv gewesen sein könnte. Mein Kollege hat mir versprochen, in den Akten des Sittendezernats nachzuschauen. Ich werde zwei, vielleicht drei Tage investieren und schauen, ob wir auf diesem Wege an Herrn Schuermann herankommen. Er wird sicher bereits als junger Mann seinen sadistischen Neigungen nachgegangen sein. In Bars, in speziellen Clubs, bei Prostituierten.«

»Ob sich jemand an ihn erinnern wird, nach so vielen Jahren?«, fragte Florian.

»Große Chancen rechne ich mir zwar nicht aus, aber ich möchte nichts unversucht lassen. Außerdem kann mir das KK12 Einblick in die Onlinedatenbank ODABS gewähren.«

Erneut erschien ein großes Fragezeichen auf Florians Stirn.

»Das ist eine Datenbank für Betroffene von Straftaten. Dort können Opfer von Gewalt anonym und kostenfrei Angaben zu Straftaten machen, die ihnen widerfahren sind. Ebenso können sie Beweisdaten sichern lassen, und zwar ganz unabhängig davon, ob es später zu einer Anzeige kommt oder nicht.«

»Also, hat sich das Füße still halten ab Montag wieder erledigt«, meinte Florian und Ivonne nickte.

»Apropos Füße still halten. Steht mir, als eventuelle Kaufinteressentin, eigentlich das E-Bike heute auch noch zur Verfügung?«

»Klar«, meinte Florian und hob sein Glas in Ivonnes Richtung. »Steht frisch aufgeladen im Keller. Gleich nach dem Frühstück können wir eine weitere Runde drehen.«

»Okay, das machen wir, aber mir ist gerade etwas Wichtiges eingefallen«, sagte Ivonne, putzte sich den Mund und die Finger ab, und zückte ihr Smartphone. »Dazu muss ich noch eben einen letzten Anruf tätigen.«

- Hallo Rainer, ja grüß dich. Hör mal, ich hatte dich doch vor ein paar Tagen gebeten, mir bei einer Halterabfrage zu helfen. - Richtig, es ging um einen Sprinter. Hattest du da auch in der Historie der Halterin nachgeschaut? - Nein? - Entschuldige, sollte nicht vorwurfsvoll rüberkommen. Du hast Recht, ich hätte meine Anfrage besser formulieren müssen. Würdest du es bitte nochmal tun? - Warte, ich gebe dir den Namen der Frau und guckst in der Historie nach. - Okay, danke ich warte. - Ja, ich höre. Vielen Dank, du hast mir sehr geholfen. - Ja, du hast einen gut bei mir und entschuldige die Störung am heiligen Sonntag. -

»Das ist mein Stichwort«, sagte Florian, »es ist Sonntag. Zeit, um einmal abzuschalten.«

»Du hast Recht«, gab Ivonne sich geschlagen, »aber eine gute Nachricht muss ich dir noch mitteilen.«

»Brauchst du nicht.«

»Nicht?«

»Ich habe deine nonverbale Körpersprache eindeutig dechiffriert.«

»So, und was habe ich erfahren?«

»Dass das letzte Opfer Halterin eines Kastenwagen war.«

»Exakt, und zwar genau bis zu dem Morgen unserer Überwachungsaktion durch die Verkehrspolizei.«

»Da hat aber einer schnell reagiert.«

»Meinst du, Schuermann hat den Wagen verschrottet?«

Florian schüttelte den Kopf.

»Das glaube ich nicht. So wie Toni von dem Fahrzeug geschwärmt hat.«

»Dann wird Schuermann ihn irgendwo verstecken. Wir müssten nur rausfinden wo.«

Florian grinste.

»Was?«, fragte Ivonne.

»Du lässt echt nie locker. Deinen Spitznamen trägst du definitiv zu Recht.«

»Grr!«, knurrte Ivonne und lachte.

»Okay, aber für heute ist jetzt wirklich Schluss«, versprach sie und stellte das Smartphone demonstrativ auf lautlos.

## Fünfundzwanzigstes Kapitel

*Ein Taxi hält direkt auf dem Bürgersteig der alten Villa und hupt einmal laut. Kurze Zeit später erscheint die Kommissarin in der Haustür. Sie hat einen kleinen Trolley dabei. Wo es wohl hingegen soll, so früh am Montagmorgen? Ich folge dem beigen Wagen, der seinen Fahrgast zum Hauptbahnhof bringt. Hat die Kommissarin tatsächlich aufgegeben und macht Urlaub? Ich parke im Halteverbot und riskiere einen Strafzettel, denn ich will unbedingt wissen, wohin sie fahren wird.*

*Im Getümmel, das trotz der frühen Stunde bereits herrscht, falle ich in der großen Bahnhofshalle nicht weiter auf. Die Kommissarin hat es eilig und schaut weder nach links noch nach rechts. Schließlich steigt sie die Treppen zum Gleis vier hinauf. Ich warte und entscheide mich für die andere Seite. Ein Zug steht schon abfahrbereit am Bahnsteig. Laut Anzeigetafel geht es Richtung Köln. Fährt sie zum Flughafen, um von dort mit einem Flieger gen Süden zu starten? Ich hoffe es sehr.*

### Affäre #3?

Seit Tagen ist Wolfgang wieder sehr viel und zu ungewohnten Zeiten unterwegs. Sollte eine weitere Affäre dahinterstecken? Diesmal sind die Hinweise nicht so eindeutig. Wolfgang ist zwar oft weg, aber er wirkt fahrig, angespannt und gehetzt wenn er zurückkommt. Er ist bei weitem nicht so euphorisch wie sonst, wenn er eine neue Liebelei begonnen hatte.

Das macht mich neugierig und ich plane eine erste Observation. Ich folge ihm am frühen Montagmorgen. Er hält in der Nähe einer alten Stadtvilla und beobachtet den Eingang. Ich parke meinen Mini in der Seitenstraße und mache mich zu Fuß auf den Weg zurück. Verdeckt durch einen breiten Kirschlorbeer beobachte ich ebenfalls die merkwürdige Szenerie. Dann hält ein Taxi und kurze Zeit später öffnet sich die Haustür. Ich stutze, als ich erkenne, wem Wolfgang hier auflauert.


»Guten Morgen, Michael«, begrüßte Ivonne ihren Kollegen vom KK12, »was hast du für mich?«

Michael führte Ivonne in einen kleinen Besprechungsraum am Ende des Flurs und stellte eine frische Kanne Kaffee auf den Tisch, auf dem schon zwei große Porzellanbecher auf ihren Einsatz warteten.

»Du hattest mir ja von den Vorlieben für elektronische *Spielsachen* berichtet«, begann Michael und Ivonne nickte. »Ich habe hier einige Einträge in der Datei von Übergriffen auf Prostituierte, die jedoch nie zur Anzeige kamen. Die liegen aber schon eine ganze Weile zurück.«

Ivonne nickte erneut.

»Das ist durchaus möglich, beziehungsweise in unserem Fall sogar sehr wahrscheinlich. Unser Verdächtiger hat erst in den letzten, sagen wir drei bis vier Jahren, eine andere Art der Befriedigung gefunden.«

»Okay, dann würde es vom Zeitraum schon einmal passen, denn vor gut drei Jahren hören diese Einträge abrupt auf. Entweder er ist dann in spezielle Clubs gegangen oder hat aufgehört, was ich aber eher für unwahrscheinlich halte. So einer hört niemals von heute auf morgen auf. Er macht solange weiter, wie er sich sicher fühlt.«

»Na, dann lass mal sehen«, forderte Ivonne ihren Kollegen auf.

Gemeinsam durchforsteten sie die Akten, die Michael rausgesucht hatte und lasen Vernehmungsprotokolle von verschiedenen Prostituierten, die ihre Freier angezeigt hatten. Leider kam es immer wieder zu Übergriffen von Freiern, die glaubten sich alles herausnehmen zu können. Wer bezahlte besaß alle Freiheiten, meinten diese Männer. Wenn die Nutte *Glück* hatte, blieb es bei Ohrfeigen und leichten blauen Flecken. Geriet sie aber an einen brutalen Kunden, endete der Abend für sie nicht selten in der Notaufnahme eines Krankenhauses. Die Liste der Abartigkeiten, denen sich Prostituierte in ihrem Job ausgesetzt sahen, war lang und gespickt mit Widerwärtigkeiten, jenseits jeglicher Menschenwürde. Ivonne bemühte sich so gut es ging, ihre Gedanken auszublenden und konzentrierte sich auf die Inhalte der Vernehmungsprotokolle, um mögliche Hinweise, die auf ihren Hauptverdächtigen hindeuteten, nicht zu übersehen.

»Hier, diese Einträge könnten passen«, meinte Michael plötzlich und scrollte den Bildschirm noch weiter nach unten.

»Der erste Eintrag beschreibt einen Freier, der kleine Elektroden an den Brustwarzen der Prostituierten angebracht hat. Beim zweiten Fall waren wieder Elektroden im Spiel, diesmal an der Vagina. Richtig pervers hat sich der Freier beim dritten Fall benommen. Er hat die Frau mit einem Vibrator penetriert, der ebenfalls kleine Stromstöße auslöste.«

»Und das kam nie zur Anzeige?«

Ivonne konnte es nicht glauben.

»Nun«, sagte Michael gedehnt, »er schien immer gut zu bezahlen.«

»Trotzdem«, beharrte die Kommissarin.

»Er hat es wohl zunächst nur bei einer geringen Strommenge belassen. Mehr in Richtung kribbeln, das man empfindet, wenn man an einer 9-Volt Batterie leckt.«

»Aber das war ihm dann irgendwann nicht mehr genug«, folgerte Ivonne, was Michael bestätigte.

»Kurz nachdem aus diversen Bordellen und von freischaffenden Prostituierten entsprechende Meldungen eingingen, verschwand er von der Bildfläche und wurde gemäß unseren Aufzeichnungen nie wieder aktenkundig.«

»Konnte ihn denn keiner der Frauen beschreiben?«

»Er wurde als äußerst charmant und gutaussehend beschrieben, aber das sind auch schon die einzigen Übereinstimmungen. Blond, braune Haare, lang, Raspel kurz, Bart, Schnäuzer, gar kein Bart, Brille, keine Brille, leger gekleidet, Anzug, Lederkluft, und so weiter, und so weiter«, zählte Michael auf.

»Ein wahrer Verwandlungskünstler.«

»Aber ein paar Eckdaten müssen doch übereinstimmen«, insistierte Ivonne. »Größe, Gewicht, Alter.«

»Auch hier haben wir recht unterschiedliche Angaben.«

»Das gibt es doch nicht!«

Ivonne war verzweifelt. Michael schenkte ihnen Kaffee nach.

»Ich denke, der Täter hat sich sehr viel Mühe gegeben und war äußerst geschickt darin, seine wahre Identität zu verschleiern und sein Aussehen immer wieder zu verändern. Eine coole Lederjacke und ´nen Kurzhaarschnitt macht jeden Mitvierziger gleich zehn Jahre jünger, ein seriöser Anzug fünf Jahre älter.«

»Hat er vielleicht sonstige Spuren hinterlassen?«, fragte Ivonne, aber Michael schüttelte den Kopf.

»Keine verwertbaren jedenfalls. Mit Verlaub, der Wohnwagen einer Prostituierten ist der Alptraum jedes KTU Mitarbeiters.«

»Wie hat der Freier bezahlt?«

»Stets bar.«

»Verdammt«, fluchte Ivonne, da auch hier die von ihr erhofften eindeutigen Spuren ausblieben. Sie waren nicht einen Schritt weitergekommen.

»Interessieren Sie sich für ein Sicherheitssystem für Ihre neue Wohnung?«, fragte der Professor.

»Bitte?«, fragte Florian und wandte seinen Blick vom Monitor ab.

Sein Chef deutete auf die Prospekte, die Florian auf der Fensterbank in seinem Büro im Pathologischen Institut abgelegt hatte.

»Nein, nicht wirklich«, antwortete Florian ausweichend, »ich wollte mich nur mal allgemein informieren. So eine Anlage ist recht teuer.«

»Haben Sie sich schon ein Angebot von dem jungen Schuermann eingeholt?«

Florian wurde hellhörig.

»Sind Sie mit der Familie Schuermann bekannt?«

Der Professor nickte.

»Ich kannte den Senior und seine Frau. Sie sind beide schon gestorben. Vor ein paar Jahren hat der Sohn den Betrieb übernommen.«

»Wie war denn der Senior so?«, fragte Florian und hoffte, der Professor würde ihm seine Neugier nicht anmerken und weiter in Plauderlaune bleiben.

Sein Chef überlegte einen Moment, dann zuckte er mit den Schultern.

»Man soll ja nicht schlecht über Tote reden, aber der Senior hat seine Frau und seinen Sohn ziemlich getriezt und immer auf Erfolg getrimmt. Wenn es nicht so lief, wie der Alte es wollte, gab es was hinter die Ohren. Seine Ehefrau hat er mit seiner tonangebenden Art total eingeschüchtert. Sie war eher eine schüchterne, zierliche Person, ein Püppchen wenn Sie so wollen. Sie ist quasi vom Elternhaus direkt ins Eheleben gewechselt, was für junge Frauen damals nicht unbedingt unüblich war.

Frau Schuermann hatte zwar keine kaufmännische Ausbildung, dennoch half sie zu Beginn der Ehe im Büro aus. Aber nachdem sie ihren Sohn bekommen hat, ist sie zuhause geblieben. War vielleicht auch besser so.«

»Wieso?«

»Der Senior hat sie oft vor der gesamten Mannschaft runtergemacht.«

»Nicht wirklich die feine englische Art.«

Der Professor nickte.

»Schuermanns Sohn Wolfgang stand ebenfalls unter der Fuchtel seines Vaters. Die Ansprüche an ihn waren immens. Immer wieder drohte der Senior, den Betrieb an jemanden anderen zu verkaufen, anstatt diesen an seinen, in seinen Augen, minderbemittelten Sohn zu vermachen.«

»Aber letztendlich hat der Senior ihm dann doch die Firma überschrieben«, merkte Florian an, doch diesmal schüttelte der Professor den Kopf.

»Der Senior klebte am Chefsessel, den er trotz Herzinfarkt nicht aufgeben wollte.«

»Aber dann ist er plötzlich gestorben und der Junior hat den Betrieb übernommen.«

»Ja, der Tod des Seniors kam für alle recht überraschend. Er hatte die Herz OP gut überstanden und war auf dem Weg der Besserung. Der eingesetzte Schrittmacher arbeitete einwandfrei.«

»Trotzdem wurde als Todesursache Herzversagen angegeben. Wurde damals eine Obduktion durchgeführt?«

»Meine Wissens nach nicht«, meinte der Professor. »Warum interessiert Sie das?«

»Ach, rein beruflich. Könnte man anhand der Aufzeichnungen des Schrittmachers feststellen, ob er manipuliert wurde?«

»Sie meinen, ob er absichtlich aus dem Takt gebracht worden war?«

Florian zuckte mit den Schultern.

»Möglich schon, aber dann wäre die Tat vorsätzlich.«
*Und dann hätten wir es mit Mord zu tun*, dachte Florian.

**Verdacht #2**

Wolfgang verbringt den heutigen Abend zuhause. Er ist für seine Verhältnisse relativ früh eingetroffen und wir haben gemeinsam zu Abend gegessen. Er hat fast so etwas wie gute Laune. Würde jemand aus dem Garten durch die Fenster in unser Esszimmer schauen, würde er glauben, ein harmonisches Ehepaar beim gemütlichen Abendessen zu beobachten. Sogar eine Flasche Wein hat er geöffnet, obwohl er mir sonst immer Vorwürfe wegen meiner Alkoholabhängigkeit macht. Ein wenig blitzt der Charme des jungen Wolfgang durch. Doch ich falle nicht mehr darauf herein. Was wiegt ein geselliger Abend gegen jahrelange Ignoranz und Misshandlungen?

Das Fernsehprogramm plätschert leise und kaum beachtet im Hintergrund vor sich hin. Es läuft die Aktuelle Stunde. Wolfgang schenkt gerade nach, als er mitten in der Bewegung innehält. Plötzlich wirkt seine Miene angestrengt, seine Kiefernmuskeln sind angespannt.

Der Wandel seiner Mimik, die er hinter einem gleichgültigen Lächeln zu verstecken sucht, ist mir nicht entgangen. Dennoch brauche ich einen Moment, um diesen abrupten Wechsel dem Fernsehbericht zuzuordnen. Ich tue, als hätte ich nichts bemerkt und nehme mir insgeheim vor, den Beitrag später in der Mediathek noch einmal anzuschauen.

*Ich mache mir wahrscheinlich viel zu viele Gedanken, aber die Ungewissheit zerrt an meinen Nerven. Nach dem Abendessen ziehe ich mich umgehend in mein Arbeitszimmer zurück und rufe die Mediathek der ARD auf meinen Tablet auf. Ich spule vor bis zum Bericht über das KK12 mit Sitz in Köln. Was, wenn dieses spezielle Dezernat und nicht der Flughafen, das Ziel der Kommissarin war? Sollte ich einfach im Präsidium anrufen und mich unter einem fadenscheinigen Grund nach dem Aufenthaltsort der Kommissarin erkundigen? Vielleicht erfahre ich dann, wo sich die Kommissarin aufhält. Doch würde ich mich dadurch nicht wieder ins Gedächtnis rufen? Gerade jetzt, nachdem sich die Wogen geglättet haben? Oder ist das nur die Ruhe vor dem Sturm? Frau Holtkämper tritt auf der Stelle, das spüre ich. Versucht sie nun auf einem anderen Weg an mich heranzukommen? Wahrscheinlich wird sie noch tiefer in meine Vergangenheit eindringen und bohrende Fragen stellen. Und vielleicht bekommt sie sogar Antworten.*

*Holen mich die Dämonen meiner Vergangenheit ein oder konnte ich meine Spuren ausreichend verwischen? Die Zeiten, in denen ich in diversen Puffs und exklusiven Clubs regelmäßig zu Gast war, lagen zwar bereits lange zurück. Sollten sich trotzdem noch Spuren finden lassen, die auf mich hinwiesen? Auf meinen richtigen Namen würden sie jedenfalls nicht stoßen, denn den hatte ich niemals benutzt. Zudem hatte ich immer bar gezahlt und niemals per Karte. Ich hatte peinlichst darauf geachtet, die Clubs regelmäßig zu wechseln, um nicht als Stammgast zu viel Aufmerksamkeit zu erregen.*

*Mit einigen simplen Tricks hatte ich auch mein Äußeres oftmals geändert um mal mit, mal ohne Bart, mal mit, mal ohne Brille aufzutauchen. Soviel Mühe hatte ich mir natürlich bei meinen zahlreichen Begegnungen mit den billigen Straßennutten in ihren schmuddeligen Wohnwagen nicht gegeben. Aber die stehen ohnehin ganz unten, am Ende der Nahrungskette. Die wollen bestimmt keinen Ärger und werden die Klappe halten, falls sich überhaupt eine von ihnen an mich erinnern würde.*

Wolfgang zieht sich nach dem Abendessen noch für Stunden in sein Arbeitszimmer zurück, und ich verbringe den Rest des Abends alleine. Am nächsten Morgen hat Wolfgang bereits das Haus verlassen, als ich die Küche betrete. Perfekt, denke ich mir und schalte den Fernseher an. Der Bericht der gestrigen Aktuellen Stunde handelte unter anderem über die Arbeit des KK12 in Köln. Ich stutze bei den Ausführungen rund um das sogenannte ODABS, der Datenbank für Straftaten und den dort genannten Beweissicherungsmöglichkeiten für die Opfer von sexuellen Gewalttaten. Das mein Mann ein gefühlskalter gewissenloser Sadist ist und höchste Befriedigung dabei empfindet, anderen Schmerzen zuzufügen, ist mir natürlich nicht neu. Schließlich habe ich es selbst am eigenen Leib erfahren müssen.

Bis dato war ich jedoch davon ausgegangen, dass er seine Vorlieben bei speziellen Dienstleisterinnen und entsprechenden Clubs ausgelebt hatte. Sollte er darüber hinaus ebenfalls aktiv gewesen sein? Welche Frauen würden sich freiwillig seinen perversen Spielchen hingegeben haben? Ich stoppte die Wiedergabe des Berichts. Ich hatte genug erfahren. Gleich morgen würde ich unter einem Vorwand das Haus verlassen und werde den Damen, mit denen mein Mann in den letzten Jahren Kontakt hatte, einen Besuch abstatten. Nun würden sich meine akribischen Notizen bezahlt machen.

## Sechsundzwanzigstes Kapitel

»Hallo Ivonne, hat sich deine Dienstreise gelohnt?« Ivonne und Florian hatten sich für abends um acht zum telefonischen Austausch der Neuigkeiten verabredet. Wie stets meldete sich die Kommissarin bereits nach dem zweiten Klingeln.

»Das wird sich erst morgen herausstellen«, antwortete sie.

»Aha«, meinte Florian, da er nicht wusste, ob das gut oder schlecht war. War die Datenmenge einfach zu groß, oder hatten sie noch keine brauchbaren Hinweise gefunden?

»Heute haben mein Kollege und ich die ganze Datenbank durchforstet und Befragungsprotokolle gelesen. Es sind schier unzählige Einträge dort aufgeführt, angefangen von einer deplatzierten Hand auf dem Po bis hin zu schwerer körperlichen Gewalt. Michael hatte vorab schon einen Filter in die Auswahl gesetzt, um die Suche einzugrenzen, aber trotzdem waren es noch etliche Eintragungen, die wir alle nach und nach durchgeschaut haben.«

»Das hat vermutlich Stunden gedauert.«

»Du sagst es. Aber letztendlich hat es sich gelohnt. Wir sind dabei auf die Aussagen von mehreren Frauen gestoßen, die zumindest ähnliche Angaben zur Art der körperlichen Gewalt beschrieben haben. Bei allen spielten Stromschläge eine Rolle.«

»Was werdet ihr als nächstes tun?«

»Zwei dieser Frauen konnten wir ausfindig machen. Die werde ich morgen aufsuchen und erneut befragen. Je mehr Details ich erfahre desto besser.«

»Das wird den Frauen sicher nicht leichtfallen«, meinte Florian und Ivonne stimmte ihm zu.

»Ich werde bei der Befragung sehr behutsam vorgehen. Ich bin mir bewusst, dass die Frauen vielleicht dadurch alles noch einmal durchleben. Anderseits mache ich mir ebenso Gedanken, inwieweit sich die Frauen noch erinnern. Schließlich liegen die Begegnungen schon über drei Jahre zurück.«

Florian überlegte einen Moment.

»Das würde so etwa mit dem Zeitraum zusammenpassen, in dem Herr Schuermann sein erstes Opfer kennengelernt hat.«

»Ich hatte den gleichen Gedanken, als ich die Daten der Protokolle las. Danach gab es keine Einträge mehr über entsprechende Übergriffe, jedenfalls nicht von Prostituierten.«

»Wenn die erste Affäre von Herrn Schuermann zu diesem Zeitpunkt begann und seine Geliebte, warum auch immer, auf seine perversen Spiele stand, konnte er sein Risiko minimieren, irgendwann einmal entdeckt zu werden, und sei es nur durch einen dummen Zufall.«

»Das wird ein Grund für seinen Verhaltenswechsel gewesen sein.«

»Gibt es noch weitere?«, hakte Florian nach, was Ivonne ihm bestätigte.

»Der Mann wurde stets als äußerst großzügig beschrieben. Er ließ sich die Befriedigung seiner abartigen Wünsche jedes Mal mehrere hundert Euro kosten.«

Florian stieß hörbar die Luft aus.

»Der Mann hatte zu der Zeit einen recht großen finanziellen Spielraum«, fuhr Ivonne fort.

»So wie Herr Schuermann, der zu der Zeit bereits den Betrieb seines Vaters übernommen hatte.«

»Exakt«, bestätigte Ivonne.

»Also, von der Chronologie her passt es schon mal.«

»Und morgen werde ich versuchen, noch weitere eindeutige Übereinstimmungen zu finden.«

»Wann kommst du zurück?«

Die Frage war raus, bevor Florian es verhindern konnte. Er hoffte, dass sie rein sachlich geklungen hatte. Würde Ivonne heraushören, wie sehr er sie vermisste?

Es hatte seit dem Beginn ihrer gemeinsamen Ermittlungen immer mal den einen oder anderen Tag gegeben, an dem sie sich nicht gesehen hatten. Aber in letzter Zeit hatten sie sich nahezu täglich getroffen, entweder bei Ivonne oder bei ihm. Florian genoss diese gemeinsamen Abende und Wochenenden und hoffte insgeheim, dass es Ivonne ähnlich ging. Er hatte sich vorgenommen, sie nicht zu bedrängen und es langsam angehen zu lassen. Irgendwann jedoch wollte er ihr seine Gefühle offenbaren, die für ihn bereits weit über eine reine Freundschaft hinausgingen.

»Ich denke, ich fahre am Mittwoch, spätestens Donnerstag zurück«, antwortete Ivonne in diesem Moment und riss Florian aus seinen Gedanken.

Erst jetzt fiel Florian ein, dass auch er etwas zu berichten hatte und teilte Ivonne mit, was er alles in dem Gespräch mit dem Professor über die Familie erfahren hatte.

»Dich kann man echt nicht einen Tag alleine lassen, schon ermittelst du auf eigene Faust«, meinte Ivonne.

»Das war reiner Zufall, ehrlich!«, beteuerte Florian.

»Die Beschreibung des Professors von Schuermann Junior passt genau zu einer klassischen Entwicklung vom Opfer zum Täter.«

»So wie mein Chef seine Mutter beschrieb und du seine Frau kennengelernt hast, wiederholt sich auch das Schema der Konstellation zwischen gewaltigem Mann und schwacher Mutter Schrägstrich Frau.«

»Zunächst mit Wolfgang und dann mit Tobias Schuermann als Leidtragenden.«

»Für den Sohn ist es wahrscheinlich wirklich das Beste, im Internat zu wohnen.«

»Dann wünsche ich dir für morgen viel Erfolg.«

»Den kann ich wahrlich gebrauchen«, seufzte Ivonne.

»Die Ermittlungen hier sind wirklich mein letzter Strohhalm, an den ich mich klammere. Wenn ich nicht bald Ergebnisse liefere...«

Ivonne beendete den Satz nicht, aber Florian wusste auch so, unter welchem Druck sie stand.

»Ich melde mich, sobald ich wieder da bin«, sagte sie schließlich und Florian konnte heraushören, wie müde sie war.

»Mach das«, antwortete er und sie beendeten das Gespräch.

## Ermittlungen

Das Klingelschild neben der Haustür wies einen anderen Namen aus, als vor zwei Jahren, und die Frau, dir mir öffnete war gerade mal Mitte zwanzig und trug ein Kleinkind auf dem Arm. Ich improvisierte und stellte mich als alte Freundin der ehemaligen Hausbewohnerin vor. Daraufhin bat mich die Frau herein und bot mir einen Platz am Esstisch an. Von ihr erfuhr ich, dass die vorherige Besitzerin des Hauses leider einen Herzinfarkt hatte und verstorben war.

Ich spielte die geschockte Freundin und drückte ein paar Tränen in das angebotene Taschentuch.

Wann denn das genau passiert wäre, fragte ich unter Schluchzen, erhielt aber nur eine vage Auskunft. Wenn Sie das Grab Ihrer Freundin besuchen möchten, sie wurde auf dem Städtischen Friedhoff begraben, erzählte mir die junge Frau. Ich bedankte mich herzlich für diesen Hinweis und erhob mich. Als sie mich zur Tür geleitete kamen wir am Display ihrer Hausanlage vorbei. Die junge Frau verharrte einen Moment. Komisch, sagte sie, vor einiger Zeit war eine Kommissarin hier und erkundigte sich ebenfalls nach der Frau. Noch mehr schien sie jedoch an unserer Smart Home Anlage interessiert zu sein.

Die Aussage der jungen Frau machte mich stutzig. Ich konnte sie natürlich nicht direkt fragen, ob diese Kommissarin vielleicht Holtkämper hieß, aber dieser Gedanke ließ mich auf der ganzen Fahrt zum Friedhof nicht mehr los. Das Todesdatum auf dem Grabstein der Verstorbenen passte perfekt zu meinen Notizen. Einen Tag später hatte Wolfgang wieder die Abende zuhause verbracht. Entspannt, ausgeglichen, geradezu zufrieden. Hatte ihn der Tod der Geliebten überhaupt nicht tangiert? War er sogar froh, sie auf diese Weise losgeworden zu sein?

Ich steuerte die zweite Adresse an. Die Story mit der alten Freundin kam erneut zum Einsatz und verfehlte auch hier ihr Ziel nicht. Bei einer Tasse Kaffee teilte man mir mit, dass die Vorbesitzerin leider einem Herzinfarkt erlegen ist. Ganz plötzlich und ohne Vorzeichen. Alle waren geschockt gewesen. Ein weiteres Mal erhielt ich Auskunft, wo meine Freundin begraben lag und ein weiteres Mal bedankte ich mich. Auf dem Weg zur Tür registrierte ich die Smart Home Anlage im Flur, wagte aber nicht danach zu fragen. Dies war jedoch nicht nötig, denn mein Blick war bemerkt worden.

Jetzt wo sie auf das Display schauen, fällt mir ein, dass vor gut zwei Wochen eine junge Kommissarin hier war und sich ebenfalls nach Ihrer Freundin erkundigt hat. Sie interessierte sich auch für die Hausanlage, wurde mir mitgeteilt. Ach nein, antwortete ich überrascht. Ja, ich war ebenfalls irritiert, aber eine richtige Auskunft über das Warum habe ich nicht erhalten. Die Frau zuckte mit den Schultern. Ich verabschiedete mich und machte mich ein zweites Mal an diesem Tage auf den Weg zu einem Friedhof. Mittlerweile war ich überzeugt davon, dass es sich bei der jungen Kommissarin um Frau Holtkämper handelte. Stellte sie die gleichen Nachforschungen an wie ich?

Auch das zweite Datum auf dem schlichten Holzkreuz passte auf den Tag genau zu meinen Aufzeichnungen. Das alles konnte doch kein Zufall mehr sein! Ein verschwindend geringer Teil meines Verstandes klammerte sich weiterhin an diesen Gedanken, aber konnte das wirklich sein? Zwei Frauen, zweimal Herzinfarkt mit nicht einmal Mitte fünfzig, und beide Male waren es die Geliebten meines Mannes. Meine Finger umklammerten das Lenkrad meines Autos so fest, dass die Fingerknöchel weiß hervortraten. Würde ich den Mut und die Kraft aufbringen können, auch noch die dritte ehemalige Geliebte meines Mannes aufzusuchen?

Ich angelte nach der Handtasche auf dem Beifahrersitz. Mit zitternden Fingern nestelte ich am Reißverschluss und fluchte leise vor mich hin. Endlich hielt ich die kleine Wodkaflasche in der Hand und schraubte den Deckel auf. Ich brauchte jetzt einen kleinen Schluck, nur einen einzigen.

Auf mein Klingeln hin öffnete niemand und so stand ich das erste Mal vor einer verschlossenen Tür. Ich wartete einen Moment, doch als auch auf mein Klopfen keine Reaktion erfolgte, machte ich kehrt und ging zurück zum Auto. Hallo Sie, tönte eine Stimme vom Nachbargrundstück und ließ mich zusammenzucken. Die Frau Faber wohnt da nicht mehr. Oh, antwortete ich. Haben Sie´s denn nicht mitbekommen?

Was? , fragte ich, obwohl ich die Antwort bereits erahnte. ´nen Herzinfarkt hat sie gehabt. Da kam jede Hilfe zu spät. Da… das wusste ich nicht, stammelte ich und war froh, die letzten Meter zum Auto hinter mich zu bringen, bevor meine Beine unter mir nachgaben. Meine Finger rissen erneut die Handtasche an sich.

Ich konnte mich im Nachhinein nicht daran erinnern, wie ich nach Hause gekommen war. Ich hatte mich in die Toilette übergeben und mich anschließend unter die eiskalte Dusche gestellt, bis jegliches Empfinden, jedes Gefühl in mir abgestorben war. Danach war ich ins Bett gekrochen.

## Siebenundzwanzigstes Kapitel

»Vielen Dank Frau Klapert, dass Sie sich mit mir treffen«, sagte Ivonne und bot ihrem Gegenüber einen Platz am Tisch in dem kleinen Café an, das sie als Treffpunkt für ihr Gespräch gewählt hatten.

»Möchten Sie etwas trinken? Einen Tee oder einen Kaffee?«

Frau Klapert nickte und Ivonne winkte die Kellnerin herbei. Nachdem sie ihre Bestellungen aufgegeben hatten, räusperte sich Ivonne und beugte sich in ihrem Stuhl nach vorne.

»Ich bin mir bewusst, dass es sehr schmerzlich für Sie sein muss, nochmals über die Geschehnisse von damals zu reden...«, begann sie, doch die Prostituierte schüttelte den Kopf.

»Wenn Sie damit dieses Schwein aus dem Verkehr ziehen können, erzähle ich Ihnen gerne jedes Detail«, sagte sie mit rauer Stimme, die sie als starke Raucherin outete.

Ivonne war erleichtert und wagte sich gleich einen Schritt weiter.

»Macht es Ihnen etwas aus, wenn ich das Gespräch aufzeichne? Wir können Ihren Namen gerne komplett raushalten.«

Frau Klapert nickte erneut.

»Nur zu«, meinte sie und Ivonne startete das Gerät.

Frau Klapert erzählte von ihren ersten Begegnungen mit dem Freier. Wie Ivonne bereits aus den Aussageprotokollen erfahre hatte, war er stets nach dem gleichen Schema vorgegangen. Er hatte zunächst keine besonderen Wünsche geäußert, sondern war ein Kunde wie jeder andere.

Ab dem dritten oder vierten Besuch wechselte er sein eher passives Verhalten und wurde fordernder, hielt sich dabei immer noch im Rahmen, wie Frau Klapert es nannte.

»Schließlich nutzte er die Routine aus, die sich irgendwann zwischen Nutte und Freier einstellt«, berichtete sie. »Man ist nicht mehr so auf der Hut und denkt, man kennt die Macken des Kunden. Genau darauf spekulierte er wohl. Er hat mich völlig überrumpelt und ich hatte keine Chance, mich gegen seine Dominanz zu wehren.«

»Können Sie die Art der Gewalt, die er Ihnen angetan hat beschreiben?«, fragte Ivonne.

»Während des Geschlechtsaktes hat er mich unter Strom gesetzt, mir Stromstöße durch den Körper gejagt. Zunächst sanfte Stöße, kaum wahrnehmbar, aber mit zunehmender Ekstase nahm auch die Stromstärke zu. Meine Muskeln verspannten sich ruckartig und mein Körper bog sich unter der Spannung, die er ertragen musste. Gerade dieses Aufbegehren, dieses Wehren schien den Freier am meisten zu erregen.«

»Aber«, unterbrach sie Ivonne, da ihr in diesem Moment ein wichtiger Gedanke in den Sinn kam, »wenn er dabei engen körperlichen Kontakt mit Ihnen hatte, war er doch denselben Stromstößen ausgesetzt.«

Frau Klapert stimmte Ivonne zu.

»Das gehörte perfider Weise zu seinem Spiel dazu. Er malträtierte seine Opfer und quälte sich dabei selbst.«

# Erkenntnisse

Ich habe eine schreckliche Nacht hinter mir. Nach den Erkenntnissen, die ich gestern gewonnen hatte, konnte ich keinen Schlaf finden. Unruhig hatte ich mich hin und her geworfen, geplagt von Bildern toter Frauen, die immer wieder vor meinem inneren Augen auftauchten, sobald ich die Lider schloss. Ich wollte diese Bilder und meine pochende Kopfschmerzen im Alkohol ertränken, aber der Wodka brannte in meiner Kehle und ich spie ihn wieder aus. Nicht einmal ein betäubender Vollrausch, der mich alles vergessen lassen würde, war mir vergönnt. Und so blieb ich nüchtern, und meine Gedanken drehten sich unaufhörlich im Kreis, verzweifelt auf der Suche nach einem Ausgang.

Doch so sehr sich alles in mir dagegen sträubte, die Übereinstimmungen waren zu offensichtlich und konnten kein Zufall sein. Im Umkehrschluss bedeutete das jedoch, dass mein Mann für die Todesfälle verantwortlich sein musste. Ich war mit einem Mörder verheiratet.

Das Gespräch mit der Prostituierten begleitete Ivonne die gesamte Fahrt über, bis zu ihrer zweiten Verabredung des Tages. Der neue Aspekt, der sich aus der letzten Aussage von Frau Klapert ergab, enthüllte eine andere neue Seite ihres Tatverdächtigen, der ihn in einem anderen, wenn auch nicht sympathischeren Licht, erscheinen ließ. Er quälte seine Opfer und tat sich dasselbe an. Also war er kein reiner Sadist, wie Ivonne bis dato geglaubt hatte, sondern hatte zudem masochistische Züge. Wollte er dadurch, dass er sich ebenfalls Schmerzen aussetzte, gleichzeitig seine Tat sühnen? Rechtfertigte er dadurch seine Vergehen? Ivonne nahm sich vor, nach am Abend einen ausführlichen Bericht an den Profiler zu mailen und hoffte, von ihm ein noch exakteres Bild über den Täter zu erhalten.

Etwas enttäuscht war Ivonne über die magere Ausbeute, in Bezug auf die eindeutige Identifizierung ihres Hauptverdächtigen. Sie hatte Frau Klapert diverse Fotos von Herrn Schuermann vorgelegt, die ihr Kollege mit Hilfe eines Bildbearbeitungsprogramms erstellt hatte, um so eine Vielzahl von verschiedenen Varianten ein und desselben Fotos zur Verfügung zu haben. Mit Bart, ohne Bart, Schnäuzer, Vollbart, mit Brille, ohne, kurze Haare, lange Haare. Sogar die Augenfarbe hatte er verändert. Aber trotz allem hatte sich die Prostituierte mit einer klaren Aussage zurückgehalten. Ja, es bestünde grundsätzlich eine große Ähnlichkeit, aber hundert prozentig sicher sei sie sich leider nicht.

Die Betreiberin des Sadomaso Studios empfing Ivonne in legerer, aber gleichzeitig eleganter Kleidung. Sie trug eine ausgewaschene Designerjeans und eine sportive, weiße Bluse. Sie war ungeschminkt und trug ihre langen glatten Haare zu einem einfachen Pferdeschwanz gebunden.

»Frau Holtkämper nehme ich an«, sagte sie, während sie die Tür weit offenhielt. Ivonne nickte und betrat den breiten Flur des modernen Bungalows am Rande der Stadt.

»Vielen Dank, dass Sie sich Zeit für mich nehmen.«

»Ach«, winkte die Frau ab, »lassen wir doch das förmliche Sie. Ich heiße Elena.«

»Ivonne«, erwiderte die Kommissarin erleichtert.

Sie hatte sich Gedanken gemacht, wie sie ihr Gegenüber ansprechen sollte. *Madame Dominika* war sicher nur der Künstlername unter dem Elena ihre Kunden empfing. Sie schien demnach in ihrer Freizeit keinen Wert darauf zu legen, so genannt zu werden. Zudem war Ivonne positiv überrascht, dass sie einer völlig unkomplizierten und überaus sympathischen Gesprächspartnerin gegenüber saß, die man sich auch gut und gerne als beste Freundin vorstellen konnte.

Nachdem sie beide mit einem perfekten Latte Macchiato auf dem gemütlichen Ledersofa Platz genommen hatten, erläuterte Ivonne ausführlich ihr Anliegen, das sie am Telefon nur kurz angedeutet hatte.

»Ich habe drei ungeklärte Todesfälle im Zusammenhang mit der Nutzung eines Tasers. Alle drei Opfer waren Frauen, Anfang Mitte fünfzig, mit mehr oder weniger gleichem sozialem Hintergrund. Alleinstehend, ohne Kinder, recht vermögend.

Aufgrund dieser Gemeinsamkeiten und einiger Parallelen, die sich während der Ermittlungen ergeben haben, denken wir, dass es ein sich um ein und derselben Täter handelt. Ebenso gehen wir davon aus, dass seine kriminelle Karriere nicht mit den Morden an den Frauen begann, sondern dass er seinen Neigungen schon früher nachgegangen ist und die Intensität über die Jahre gesteigert hat.«

Elena stellte ihr hohes Glas auf die tiefschwarze Marmorplatte ihres Couchtisches ab und lehnte sich dann erneut zurück.

»Die meisten meiner Kunden gehen zunächst ganz normal in den Puff oder suchen Straßennutten auf«, begann Elena.

Die Wortwahl, die sie nutzte, überraschte Ivonne, denn sie passte so gar nicht zu dem eleganten Erscheinungsbild der Frau. Elenas Ton war jedoch sachlich und nicht abwertend, wie die Kommissarin sofort feststellte. Sie nannte die Dinge eben beim Namen und legte geringen Wert auf *Political Correctness*. Das machte Elena in Ivonnes Augen nur noch sympathischer.

»Wenn sie dort dann wegen ihrer besonderen Kundenwünsche und perversen Neigungen auffällig geworden sind, wird ihnen zumeist Hausverbot erteilt und sie landen bei mir.«

»Macht dir das nicht Angst?«, wollte Ivonne wissen.

Elena legte den Kopf ein wenig schräg und überlegte einen Moment.

»Im Großen und Ganzen nicht«, erwiderte sie, »der Großteil meiner Klientel sind arme Würstchen, die ohne meine besondere Unterstützung, gar keine Lust empfinden würden.«

»Schläfst du mit deinen Kunden?«, wagte Ivonne zu fragen und Elena lächelte.

»Wenn, dann bestimme ich das.«

»Hast du Stammkunden?«

»Oh ja«, antwortete Elena, »manche betreue ich schon seit Jahren.«

»Betreuen?«, fragte Ivonne weil sie glaubte, sich verhört zu haben.

»Ja, so sehe ich meine Dienstleistung«, erwiderte Elena selbstbewusst und beugte sich erneut nach vorne. »Es ist doch alle Male besser, der Kunde kommt zu mir, anstatt seine Neigungen an seiner Partnerin auszuleben, die sich nicht zu helfen weiß und sich nicht wehren kann. Zudem führt der Hauptteil meiner Kunden außerhalb meines Studios ein ganz normales bürgerliches Leben, mit Frau und Kindern, mit Eigenheim und Familienkutsche. Niemand würde erahnen, dass hinter dem treusorgenden Familienvater ein nach Peitschenhieben bettelnder Mann steckt, der sich gerne an Halsband und Kette herumführen lässt.«

»Was empfindest du dabei, also wenn du anderen Schmerzen zufügst?«

Elena nahm einen tiefen Schluck ihres Kaffees bevor sie antwortete.

»Die Bandbreite des menschlichen Lustempfindens ist schier unendlich. Angefangen mit dem zärtlichen spielerischen Beißen auf die Unterlippe oder das Ohrläppchen des Partners über das Kneifen in die Brust und tiefe Kratzer von scharfen Fingernägeln auf dem Rücken, bis hin zu Würgen auf Verlangen bis zur Ohnmacht aufgrund von Sauerstoffmangel. Alle Taten sind Ausdruck einer Leidenschaft, die das gegenseitige Begehren noch unterstreichen soll.

Solange beide Partner das in Ordnung finden ist die Beziehung im Gleichgewicht. Wird Lust jedoch nur einseitig auf der Basis von Schmerzen, und ich meine wirkliche Schmerzen empfunden«, betonte Elena, »gerät diese Balance ins Wanken. Dann gibt es einen Verlierer, und das sind meistens die Frauen.«

»Hast du jemals die Kontrolle verloren?«, wollte Ivonne wissen.

Auch für die nächste Antwort nahm sich Elena Zeit, bevor sie zögerlich nickte.

»Einmal«, gestand sie.

Der Kunde, von dem sie Ivonne nun berichtete, hatte sie gleich nach der Begrüßung mittels eines Stromschlages für einen Moment außer Gefecht gesetzt. Als Elena das nächste Mal die Augen öffnete, hatte der Mann Elektroden an ihren Brüsten befestigt, die er mittels einer Fernbedienung steuerte.

»Ich hatte keine Chance, mir die Elektroden zu entfernen, da er auch meine Hände gefesselt hatte. In einem ersten verzweifelten Versuch wehrte ich mich gegen meine Fesseln. Aber das machte ihn nur noch mehr an, also stellte ich jede Gegenwehr umgehend ein. Ich verkniff mir jegliche Schmerzensäußerung, um Stärke zu signalisieren und nicht in die Opferrolle zu verfallen. Er drehte die Stromstärke mehrere Male höher und versuchte mich zu provozieren, aber ich untersagte mir jede verbale Reaktion. Gleichzeitig bemerkte ich, dass auch er an seinem Körper Elektroden angebracht haben musste. Seine Muskeln verkrampften und sein Gesicht verzerrte sich. Dennoch machte er weiter und schließlich erkannte ich den Grund dafür. Nur durch die Schmerzen, die er verursachte, und die er selbst dabei ertrug, gelangte er überhaupt zum Höhepunkt.«

Ivonne streckte sich auf dem Bett ihres Hotelzimmers aus und ließ alle Informationen, die sie in den letzten Wochen gesammelt hatten, noch einmal Revue passieren. Dann spielte sie die Aufnahmen der beiden heutigen Gespräche ab. Wenn es wirklich Herr Schuermann gewesen war, der diese Taten an den Frauen begannen hatte, so hatte er über Jahre hinweg seinen perversen Neigungen freien Lauf gelassen. Wie es schien, quälte Herr Schuermann nicht nur seine Mitarbeiter, sondern fand auch Genugtuung darin, Frauen zu erniedrigen und für seine Zwecke zu missbrauchen. Als er diese Befriedigung nicht mehr mit Prostituierten erzielen konnte, suchte er sich andere, willige Opfer. Er machte sie von sich abhängig, wenn nicht sogar hörig.

Ein neuer erschreckender Gedanke poppte unvermittelt in Ivonnes Überlegungen auf. Was, wenn Frau Schuermann ihrem Mann ebenfalls hörig war? Kam dann nicht auch sie als Täterin in Frage? War sie vielleicht sogar seine Komplizin und erledigte die Drecksarbeit für ihn, damit er bei Bedarf ein lupenreines Alibi vorweisen konnte? Oder tat sie alles, um selber nicht mehr im Fokus seiner widerwärtigen Neigungen zu stehen?

Ivonne versuchte sich vorzustellen, wie Frau Schuermann in die Wohnung des Opfers ging und dort den Taser unter dem Stuhl entfernte, während die Tote noch darauf saß. War Frau Schuermann wirklich so abgebrüht oder bereits so abgestumpft? Sollte sie die Täterin sein, müsste sie ebenfalls in der Lage sein, das Sicherheitssystem umzuprogrammieren.

Ivonne schüttelte den Kopf. Das war eher wieder ein eindeutiger Aspekt, der für Herrn Schuermann sprach. Ivonne spielte in Gedanken noch eine weitere Möglichkeit durch, auch wenn sie ihre total absurd erschien.

Was, wenn Frau Schuermann sich an den Frauen rächte, die zeitweise die Gespielinnen ihres Mannes waren? Das widersprach komplett dem vorangegangenen Gedanken. Und warum sollte sie das tun? Welchen Nutzen hätte sie davon? War sie wirklich so kaltblütig, so abgebrüht?

Ivonne schüttelte erneut den Kopf. Dieser Gedanke erschien ihr wirklich zu abwegig. Es sei denn, Frau Schuermann hätte einen Komplizen. Aber wen? Dieser jemand müsste sich mit Elektrotechnik auskennen. Vielleicht ein Angestellter des Unternehmens?

Ivonne zog sich ihr Laptop heran und öffnete die Homepage des Unternehmens. Sie schaute sich die Gesichter der männlichen Angestellten an. Alle lächelten freundlich in die Kamera und streckten die Daumen in die Höhe. Würde Ivonne alle überprüfen müssen? Die Dumpfbacke Toni schon mal nicht, schoss es ihr durch den Kopf. Ivonne erlaubte sich ein kurzes Grinsen, bevor sie sich wieder konzentrierte. Die beiden jungen Azubis würde sie ebenfalls ausschließen. Blieben noch sieben Mitarbeiter, deren Vita sie überprüfen müssten, darauf hoffend, irgendeine Verbindung zu Frau Schuermann zu finden. Wollte sie wirklich Zeit darauf verwenden, die ihr wohlmöglich an anderer Stelle fehlte?

Ivonne rieb sich die Schläfen. Verdammt, ihr lief die Zeit davon.

## Flucht aus dem Goldenen Käfig

Mein liebes Tagebuch, mein treuer und beständiger Begleiter in den vergangenen Jahren, dies wird mein letzter Eintrag sein. Danach werde ich dich in die Hände einer bemerkenswerter jungen Frau geben, die zu Ende bringen wird, zu dem ich mich außerstande sehe. Sie wird die Zusammenhänge erkennen und das Monster stoppen. Endlich.

## Achtundzwanzigstes Kapitel

Ivonnes Zug traf am späten Vormittag am Hauptbahnhof ein. Bevor sie sich auf den Weg ins Kommissariat machen würde, wollte sie einen kurzen Zwischenstopp in der kleinen Bäckerei gegenüber dem Pathologischen Institut einlegen. Ivonne hatte sich dort mit Florian auf eine Tasse Kaffee verabredet. Als sie das Café ansteuerte, trat er gerade aus der Tür des Klinikums und legte die letzten Meter über den Vorplatz im Laufschritt zurück. *Ob er es kaum erwarten kann, mich wiederzusehen?*, dachte Ivonne und versuchte in seiner Miene Hinweise darauf zu entdecken. Würde sie enttäuscht sein, dort nur Florians übliche Freundlichkeit und sein ehrliches Interesse an ihrer Arbeit zu sehen? In den letzten zwei Tagen hatten sich ihre Gedanken immer wieder Mal um diese Frage gedreht, ohne eine eindeutige Antwort darauf zu finden. War es nur Freundschaft oder war das schon mehr, was Florian für sie empfand? Und wie stand es um ihre eigenen Gefühle?

Am ersten Abend in Köln hatte Michael sie auf ein Feierabendbier und ein Jägerschnitzel in seine Stammkneipe eingeladen. Sie hatten über den Fall, die Arbeit und Gott und die Welt geredet. Es war ein unterhaltsamer Abend gewesen und Michael hatte ganz offen mit ihr geflirtet. Sie hatte sich geschmeichelt gefühlt, aber diese lockere Unterhaltung war eben nicht zu vergleichen mit den Gesprächen, die sie mit Florian führte und die Geborgenheit, die sie in seiner Nähe empfand.

Die gesamte Zugfahrt über hatte Ivonne ebenso ein weiterer Gedanke umgetrieben. Leider hatte auch Elena ihren Hauptverdächtigen nicht eindeutig identifizieren können. Ivonnes Vorgesetzter hatte ihr vor der Abreise nach Köln ganz klar zu verstehen gegeben, dass noch andere, ungeklärte Delikte auf Aufklärung warteten.

Im Klartext hieß das nichts anderes, als dass die drei Fälle vorerst zu den Akten gelegt würden, falls sie mit leeren Händen nach Hause kommen würde. Dieser *worst case* war nun eingetreten, sie hatte nichts. Jedenfalls nichts, was sie gegen Herrn Schuermann vorbringen konnte, um Anklage zu erheben. Ihr fehlten schlichtweg immer noch stichhaltige Beweise, die Herrn Schuermann eindeutig mit allen drei Opfern in Verbindung brachten und ihn als Täter einwandfrei überführen würden.

Florian stand mittlerweile direkt vor ihr.
»Ivonne, alles in Ordnung?«, fragte er und schaute sie besorgt an.
»Äh... ja, entschuldige, ich war in Gedanken«, sagte Ivonne und strich sich den Pony aus der Stirn.
Sie setzten sich an einen freien Tisch auf dem schmalen Bürgersteig. Florian behielt Ivonne die ganze Zeit im Auge. Sie wirkte müde und enttäuscht. In ihrer Miene war nicht zu erkennen, ob sie sich freute, ihn zu sehen. Er hätte Ivonne zur Begrüßung gerne umarmt, aber sie schien tatsächlich gedanklich im Moment ganz woanders zu sein.
»Du wirkst abgekämpft«, sagte er mitfühlend, »vielleicht hättest du doch erst einmal in deine Wohnung fahren sollen.«
*Ja vielleicht,* gestand sich Ivonne ein, aber andererseits wollte sie Florian nicht länger auf die Folter spannen, sondern ihm gleich reinen Wein einschenken.

Sie würde ihn darüber in Kenntnis setzen, dass mit dem heutigen Tage die Ermittlungen eingestellt würden. Sie war gespannt, wie er reagieren würde?

*Es ist nicht so gelaufen, wie Ivonne es sich erhofft hatte, das spüre ich,* dachte Florian, während die Bedienung ihre Bestellung aufnahm. Aber da ist noch etwas, das sie quält. Etwas vor dem sie sich scheut, es auszusprechen.

»Das war's dann«, sagte Florian, nachdem Ivonne endlich mit der Sprache herausgerückt war, und ihn über die spärlichen Ergebnisse ihrer Gespräche in Kenntnis gesetzt hatte.

Genau vor diesen Worten hatte Ivonne sich gefürchtet. In diesem Moment langte Florian über den Tisch und legte seine Hand auf ihre.

»Es tut mir so leid«, sagte er und streichelte ihr dabei zärtlich über die Finger.

»Mir auch«, erwiderte Ivonne leise. »Wir haben fast einen Monat Arbeit darauf verwendet, irgendeinen stichhaltigen Beweis für Schuermanns Schuld zu finden und stehen am Ende mit leeren Händen da. Und dabei bin ich mir sicher, dass er es ist. Aber mein Bauchgefühl allein reicht leider nicht.«

Für eine Weile schwiegen sie beide. Sie hingen ihren Gedanken nach und versuchten, mit der Enttäuschung klar zu kommen. Schließlich seufzte Ivonne, entzog Florian behutsam, und wenn sie ehrlich zu sich war, nur sehr widerwillig ihre Hand und nahm einen letzten Schluck Kaffee.

»Ich fahre jetzt ins Kommissariat und schreibe meinen vorläufigen Abschlussbericht. Dann ...«

»Gegenvorschlag«, unterbrach Florian sie, »du machst jetzt Feierabend und ruhst dich zuhause aus. Ich komme direkt nach der Arbeit zu dir und wir reden nochmal über alles.«

»Ein verlockender Gedanke«, stimmte Ivonne ihm zu, »aber ...«

»Keine Widerrede. Hör auf den Arzt deines Vertrauens. Leg zuhause die Füße hoch und entspann dich. Ich kaufe ein und koche uns was Leckeres.«

»Was schön Scharfes?«, fragte Ivonne, deren Widerstand allmählich bröckelte.

»Von mir aus auch das«, versprach ihr Florian.

Seit ich das Tagebuch abgegeben habe, fühle ich eine für immer verloren geglaubte Leichtigkeit, die ich sonst nur in Verbindung mit Alkohol oder noch härteren Drogen empfunden habe. Die Koffer für mich und Tobias sind gepackt. Mein Entschluss steht fest. Mein Sohn und ich werden gemeinsam in ein neues Leben starten. Es wird hart sein, ohne Frage, aber diesen Preis bezahle ich gerne. Der Anruf aus dem Sekretariat des Internats kam meinem zuvor. Ich scherzte noch mit der Anruferin, dass es wohl Gedankenübertragung gewesen sei, da auch ich sie gerade anrufen wollte. Keine Minute später fand ich mich im Bad vor der Toilettenschüssel hockend wieder und würgte mir die letzte Galle aus meinem zitternden Leib. Ich hatte zu lange gezögert.

*Wieso steht ein Taxi vor unserer Toreinfahrt? Wohin soll die Fahrt gehen? , frage ich den Fahrer, der gerade ausgestiegen ist, um zu klingeln. Er solle eine Frau Schuermann zum Flughafen fahren. Das muss ein Irrtum sein, antworte ich ihm. Ich drücke dem Fahrer einen Fünfzig-Euro-Schein in die Hand und schicke ihn weg. Froh über dieses großzügige Trinkgeld stellt er keine Fragen, sondern macht sich umgehend auf den Weg. Ich fahre meinen Wagen in die Garage und betrete das Haus. Im Flur stehen drei große Koffer, mit einem vierten kommt mir meine Frau auf der halben Treppe entgegen. Ihre Augen sind rot und verquollen.*

*Ihr Blick jedoch ist nicht so leer und entrückt wie sonst, sondern hasserfüllt. Ihr Atem riecht ausnahmsweise nicht nach Alkohol. Sollte sie tatsächlich nüchtern sein? Ich verlasse dich, schreit Nicole mich an. Na, das ist mal 'ne ganz neue Platte, denke ich und packe sie fest am Arm, doch sie reißt sich los. Hier gibt es nichts mehr was mich hält, zischt sie mir ins Gesicht. Dann rennt sie die letzten Stufen hinunter, aber ich bin schneller als sie. Ich bekomme ihre langen Haare zu fassen und reiße ihren Kopf nach hinten. Sie schreit auf und schleudert mir ihre Handtasche gegen den Kopf. Die Metallschnalle trifft mein Jochbein und hinterlässt eine tiefe Platzwunde. Aber ich schüttele den Schmerz ab und jage ihr nach. Kurz vor der Haustür hole ich sie ein und schleudere sie zu Boden. Mit einem Satz bin ich über ihr. Sie wehrt sich mit Händen und Füßen, schlägt und tritt wild um sich. Doch ihre Kräfte schwinden und ihre Gegenwehr bricht in sich zusammen. Wieder und wieder landen meine Fäuste in ihrem Gesicht, auf ihrem Körper, bis sie sich schließlich nicht mehr rührt. Erst dann lasse ich von ihr ab.*

*Sie braucht einen Moment, bis sie wieder zu sich kommt. Sie spuckt Blut und ihr linkes Auge ist bereits komplett zugeschwollen. Auch das Sprechen fällt ihr schwer und muss ihr teuflisch wehtun, aber selbst das hindert sie nicht daran, mir all ihre Verachtung entgegen zu schleudern. Du kannst mich totschlagen, trotzdem wirst du deiner gerechten Strafe nicht entgehen.*
*Was redet meine Frau denn da? Gerechte Strafe, was meint sie damit? Sind das nur leere Phrasen einer Alkoholabhängigen oder steckt tatsächlich mehr dahinter?*

*Ich weiß alles, von deinen dreckigen Geschäften, keift Nicole, und von den drei toten Frauen. Ich habe Buch geführt über deine Treffen mit diesen Geldhuren. Jedes verdammte Date mit ihnen habe ich fein säuberlich notiert, mit Datum und Uhrzeit.*
*Das sind nur leere Drohungen. Nicole kann davon nichts mitbekommen haben. Die letzten Jahre hat sie mehr oder weniger nur durch einen Alkoholnebel erlebt, wenn sie überhaupt etwas mitbekommen hat. Und darüber soll sie Tagebuch geführt haben? Und damit du es nur weißt, ab heute ist die Polizei im Besitz dieser Informationen. Sie werden kommen und dich holen! Dann sperren sie dich Monster endlich ein!*
*Wem bei der Polizei wird sie ihre Aufzeichnungen gegeben haben, überlege ich fieberhaft. Kennt Nicole etwa die Kommissarin? Hatte diese Frau Holtkämper sie ebenfalls aufgesucht und über mich ausgefragt? War sie hier in meinem Haus gewesen? Diese Schlampe! Das wird sie mir büßen. Aber erst kümmere ich mich um Nicole, und dann werde ich der Kommissarin einen Besuch abstatten, den sie nicht wieder vergessen wird.*

# Neunundzwanzigstes Kapitel

»Erst bekommt Frau Holtkämper monatelang überhaupt keinen Herrenbesuch und nun hat sie zwei Verehrer gleichzeitig. Erst den schnuckeligen jungen Kerl und jetzt steht ein imposanter Mann mit Blumen vor der Tür. Einen riesigen Strauß hält er in der Hand. Gerade geht sie vor ihm in die Knie, so gerührt ist sie.«

Elke verließ ihren Beobachtungsposten am Spion ihrer Haustür in der zweiten Etage, die sich genau gegenüber von Ivonnes Wohnung befand und machte sich auf den Weg in die Küche.

»Meinst du, ich könnte kurz rübergehen und das Paket abgeben?«, fragte Herbert, ihr Mann, der wie seine Frau, die Sechzig schon weit überschritten hatte, und seinen Lebensabend mit Kreuzworträtseln und Rummi Kub Runden an Nachmittag genoss.

»Nee, das kannste nicht machen. Du willst das junge Glück doch nicht stören!«

»Wenn du meinst, dann mache ich es halt später«, meinte Herbert, kratzte sich am Kinn und schlurfte den Flur entlang Richtung Gäste WC. Auf dem Weg zurück ins Wohnzimmer warf auch er einen neugierigen Blick durch den Spion in den Flur, und staunte.

»Du Elke, der Besuch von Frau Holtkämper geht schon wieder.«

»Vielleicht war es doch nur ein Blumenbote«, meinte Elke.

Herbert warf einen Blick auf seine alte Armbanduhr, die er aus Gewohnheit und Anraten seines Arztes am rechten Handgelenk trug.

Der unbekannte Mann war nur eine Viertelstunde im Haus gewesen. Zu lange, um nur einen Blumenstrauß abzugeben, zu kurz für einen richtigen Besuch.

Herbert schüttelte den Kopf. Irgendwie kam ihm das Ganze spanisch vor.

»Ich gehe doch mal eben rüber und gebe das Paket ab. Vielleicht ist es ja etwas Wichtiges und Frau Holtkämper wartet schon sehnsüchtig darauf.«

»Und, bist du es losgeworden, dein Paket?«, fragte Elke, als ihr Mann kurze Zeit später wieder in der Küche hinter ihr stand.

»Nee, Frau Holtkämper hat nicht aufgemacht«, antwortete Herbert. »Meinst du, sie hat sich schon schlafen gelegt?«

»Quatsch, so früh am Abend?« Elke schüttelte den Kopf.

»Dann muss sie doch die Klingel gehört haben. Es ist nicht Frau Holtkämpers Art, nicht an die Tür zu gehen, wenn sie zuhause ist«, meinte Herbert und taperte in der Küche hin und her. »Das lässt mir einfach keine Ruhe«, sagte er.

»Wir wollen uns aber nicht aufdrängen«, gab Elke zu bedenken, »das mögen die jungen Leute heutzutage nicht.«

»Fräulein Holtkämper ist da anders«, erwiderte Herbert und schüttelte den Kopf. »Vielleicht ist etwas passiert. Der Mann hatte es verdammt eilig. Der ist förmlich geflüchtet!«

Elke schaute Herbert aufmerksam an. So wie sie ihn kannte, würde er den ganzen Abend darüber grübeln und nachher keinen Schlaf finden. Sie schüttelte den Kopf.

»Nun ruf schon Lothar an, der hat doch für alle Türen einen Ersatzschlüssel.«

»Meinst du?«

»Ich kenn dich doch! Das lässt dir sonst die ganze Nacht keine Ruhe.«

»Lothar, ich bin´s Herbert. Sag mal, ich mache mir Sorgen um Frau Holtkämper von gegenüber. Sie ist da, aber sie macht nicht auf. – Ja, ja ich weiß, das ist ihr gutes Recht. Aber sie hatte bis eben Besuch und der Mann, der hatte es verdammt eilig. – Du weißt doch sie arbeitet bei der Polizei. Vielleicht… ich habe so ein komisches Gefühl. – Quatsch, Hausfriedensbruch. Das Risiko gehe ich gerne ein. Kommst du jetzt oder muss ich mir den Schlüssel bei dir abholen?«

Lothar schnaufte wie eine alte Dampflok, nachdem er sich die vier Treppen vom Erdgeschoß in die zweite Etage hinaufgeschleppt hatte. Er war quasi der Hauswart, und kümmerte sich um kleinere Reparaturen rund um das Haus, obwohl auch er schon im Rentenalter war.

»Mensch, ich kann das Schlüsselloch kaum sehen. Hol mir mal `ne Taschenlampe.«

»Taschenlampe? Mensch Lothar, ich knipse mein Handy an.«

»Frau Holtkämper?«, rief Herbert in den Flur hinein.

»Hier ist alles dunkel«, bemerkte Lothar.

»Mach halt das Licht an. Nicht dass wir sie noch erschrecken.«

»Frau Holtkämper, wir sind´s, der Herbert von gegenüber und der Lothar aus dem Erdgeschoß. Alles in Ordnung bei Ihnen?«

Lothar und Herbert betraten die Wohnung und sahen sich um.

»Hörst du das, Herbert? Im Bad läuft Wasser. Nicht dass sie duscht, das wäre mir äußerst peinlich.«

Herbert klopfte sachte an die Badezimmertür, die nur angelehnt war und selbst durch diese sanfte Berührung nach innen aufschwang. Herbert wollte nur einen schnellen Blick hinein werfen und trat einen Schritt vor. Mitten in der Bewegung blieb er stehen.

»Scheiße«, fluchte er, »ruf den Notarzt und sag Elke Bescheid. Wir brauchen Hilfe!«

*»Hallo Florian, ich habe etwas entdeckt, was uns in unserem Fall einen großen Schritt weiterbringt.« Ich tippe einen Treffpunkt und einen Zeitpunkt in die Nachricht, die ich von Ivonnes Smartphone aus versende. Mal sehen, ob dieser Häusler anbeißt. Dessen Antwort kommt prompt. »Ich bin in zwei Stunden da. Bin schon gespannt!« Menschen waren so dumm, so leicht zu manipulieren.*

*Häusler würde sich beeilen, zum Treffpunkt zu kommen, und ich werde ihn dort gebührend empfangen. Der Taser steckt sicher in meinem Hosenbund, aufgeladen und bereit für sein nächstes Opfer.*

Herbert hatte als erstes den Wasserhahn zugedreht und anschließend den Stöpsel aus der Wanne gezogen. Das rot verfärbte Wasser floss gurgelnd in den Abfluss. Wie viel Blut die Kommissarin wohl schon verloren hatte?

»Frau Holtkämper? Können Sie mich hören?«

Herbert tätschelte vorsichtig ihre Wange, dann fühlte er ihren Puls an der Halsschlagader. Ivonne stöhnte leise, hielt die Augen aber weiterhin geschlossen. Herbert schaute auf die Schnittwunden an den beiden Unterarmen, aus denen zwar kein pulsierender, aber dennoch stetiger Blutstrom quoll. Verdammt sie verblutet mir hier, dachte er und schaute sich im Bad um. Sein Blick blieb am Bademantel hängen, der am Haken an der Tür hing. Er stützte sich auf den Rand der Badewanne und richtete sich schwerfällig auf. Mit mühsamen Schritten ging er zur Tür, riss den Mantel vom Haken und zog den Gürtel aus den beiden Schlaufen. An beiden Enden des Gürtels knotete er eine Schlaufe. Danach packte er sich zwei Packungen Taschentücher und drückte je eine fest auf die Wunde, während der die Schlaufe darüber zuzog. Die beiden Schnitte waren zum Glück recht stümperhaft durchgeführt worden. Sie verliefen parallel zum Handgelenk, anstatt längs der Sehne. Im schlimmsten Fall hatte der Täter ihr die Sehnen durchtrennt, aber eine stärkere Blutung hatte er damit nicht verursacht. Trotzdem mochte sich Herbert nicht ausmalen, was passiert wäre, wenn er erst später oder am nächsten Morgen nachgeschaut hätte!

»Finde den Fehler.« Herr Schuermann zischte seiner Frau die Worte direkt ins Ohr. Florian konnte von seinem Sitz aus nicht erkennen, ob sie bei Besinnung war oder nicht. Ihr Kopf pendelte hin und her, und das lange dunkle Haar fiel ihr in dicken Strähnen immer wieder ins Gesicht. Eine dicke, dunkelbraune Blutkruste verlief an ihrer Schläfe entlang und ihre Unterlippe war aufgeplatzt.

»Da sitzt er, dein Fehler!«

Ihr Mann packte sie an den Haaren und riss ihr den Kopf weit in den Nacken. Er zwang sie, in Florians Richtung zu schauen. Das linke Auge war vollkommen zugeschwollen und die Frau blinzelte verzweifelt mit dem rechten, um irgendetwas erkennen zu können. Sie wirkte einen Moment lang irritiert, ihn hier zu sehen. Fast so, als hätte sie jemanden anderen an seiner Stelle erwartet. Florian selber fehlte jegliche Erinnerung daran, wie er hierhin, in diese alte, heruntergekommene Fabrikhalle gekommen war. Er hatte sich nach Ivonnes Nachricht auf den Weg zum Treffpunkt gemacht. In dem Moment, als er sich gebückt hatte, um sein Fahrrad abzuschließen, durchfuhr ihn ein unsagbarer Schmerz im Nacken. Danach war es dunkel um ihn herum geworden. Bis jetzt.

»Oh Gott, oh Gott, oh Gott! Das viele Blut!«, rief Elke und hielt sich die Hand vor den Mund.

»Ist der Notarzt informiert?«, fragte Herbert und ignorierte das Gejammer seiner Ehefrau.

»Ja, doch ja, die sind schon unterwegs. Sie müssten gleich hier sein.«

»Dann geh am besten runter und halte ihnen die Tür auf.«

»Ja, ja gut, mache ich«, erwiderte Elke, froh dem Bad und den roten Schlieren, die das Blut auf den Innenseiten der Wanne hinterlassen hatte, entfliehen zu können.

»Da staunst du was?«, zischte Herr Schuermann seiner Frau erneut ins Ohr. »Es ist deine Schuld, dass er dort sitzt. Ganz allein deine! Ich muss nun herausfinden, wie viel er weiß. Und die Wahrheit wird ihm wehtun. Schau ruhig zu und sieh an, was du angerichtet hast!«

So intensiv sich die Frau auch bemühte, ihr Kopf sackte immer wieder nach unten weg, unfähig, die Position zu halten, geschweige denn, den Blick zu fokussieren. Schließlich gab ihr Mann es auf und trat auf seine zweite Geisel zu. So sehr es Florian freute, dass er endlich von Frau Schuermann abließ, so sehr fürchtete er sich vor dem, was nun auf ihn zukommen würde.

»Wir müssen sie da rausholen«, meinte Herbert, doch Lothar schüttelte den Kopf.

»Das schaffen wir beide nicht. Nachher rutschen wir weg und sie knallt mit dem Schädel auf den Wannenrand.«

Herbert sah ein, dass sein Kumpel Recht hatte.

»In Ordnung, dann reich mir wenigstens das Badetuch. Sie ist schon ganz kalt.«

Lothar griff hinter sich ins Regal und holte neben einem großen Duschtuch auch ein kleines Handtuch, das Herbert der Bewusstlosen in den Nacken legte.

»Am besten du hältst ständig deinen Finger an ihren Hals. Dann fühlst du den Herzschlag und merkst, ob sie atmet.«

*Halte durch Mädchen*, flehte Herbert in Gedanken, *du hast doch noch dein ganzes Leben vor dir.*

»Du hättest die Toten ruhen lassen sollen«, begann Herr Schuermann ohne Umschweife. »Dann wärest du jetzt nicht hier. Alles wäre in bester Ordnung. Aber nein, du musstest ja ganz genau hinsehen. Du bist bestimmt ein äußerst gewissenhafter Leichenschnippler.«

Florian ließ den Mann reden und hütete sich davor, ihn zu unterbrechen. Einerseits um Zeit zu schinden, andererseits um seinen Entführer nicht noch wütender zu machen, als dieser offensichtlich bereits war. Das sein Gegenüber am längeren Hebel saß war Florian nicht nur durch die Kabelbinder bewusst, mit denen er an den Lehnen und Beinen des Metallstuhls gefesselt war, sondern auch durch den, wenn auch leichten, aber dennoch permanenten Stromfluss, dem er ausgesetzt war. Die Frage, die Florian jedoch am meisten beschäftigte war, woher der Mann so viel über ihn wusste.

»Du fragst dich sicher, woher ich das alles weiß«, höhnte Herr Schuermann in diesem Moment und hielt Florian Ivonnes Smartphone vor die Nase. »Chatverläufe sollte man löschen, sonst kann es ganz, ganz böse enden.«

In der Ferne hörten Herbert und Lothar Sirenen, die schnell näher kamen. Schon hörten sie Elkes Anweisungen und schnelle Schritte auf den Stufen. Schließlich betraten drei Männer das Bad. Lothar und Herbert machten bereitwillig Platz, erleichtert nun den Profis den Rest zu überlassen. Eine zweite Sirene ertönte und ein Streifenwagen parkte hinter dem Wagen des Notarztes. Ein junger Beamter kam ebenfalls eiligst die Treppe heraufgerannt, blieb dann aber im Flur stehen, um den Männern in dem engen Bad nicht noch die Arbeit zu erschweren. Ivonnes Körper lag mittlerweile auf dem Badezimmerteppich vor der Badewanne, das nasse Handtuch gegen eine goldene Rettungsdecke ausgetauscht.

»Gute Idee das mit den Schlaufen«, sagte der Notarzt und nickte den beiden Männern im Flur aufmunternd zu.

»Sie haben die Frau gefunden?«, fragte der Streifenpolizist und zückte seinen Notizblock.

»Mensch«, sagte Herbert, »das ist doch eine von euch!«

»Wie bitte?«

»Frau Holtkämper. Sie ist Ermittlerin in eurem Verein. Kennen Sie sich denn nicht?«

»Äh, nein. Sie muss beim Morddezernat arbeiten.«

»Na, dann los! Worauf warten Sie denn noch!«

»Okay, ich informiere direkt Frau Holtkämpers Dienststelle. Können Sie mir vorab noch weitere Informationen zum Verlauf des heutigen Abends mitteilen? War irgendetwas anders als sonst? Ist Ihnen irgendetwas aufgefallen?«

Herbert erzählte dem Polizeibeamten von dem ominösen Besuch des Mannes mit dem riesigen Blumenstrauß. Leider konnte er diesen kaum beschreiben, da er ihn nur verzerrt durch den Spion gesehen hatte.

Florians gesamter Körper stand unter Spannung und seine Muskeln verkrampften sich zunehmend. Er fühlte sich wie ein Versuchskaninchen, in einem dieser angesagten Fitnesszentren, die mit elektrischer Muskelstimulation arbeiteten. Morgen würde er einen gewaltigen Muskelkater haben, dachte sich Florian und wunderte sich über seine Fähigkeit zum Galgenhumor. War es das Adrenalin, das einen Bruce Willis aus ihm machte? Den Tod vor Augen und trotzdem noch dumme Sprüche im Kopf? Florian wusste nur allzu gut, was der Tod bedeutete. Wie seine Organe, eines nach dem anderen, den Dienst quittieren würde. Welche chemischen Prozesse mit der Zeit einsetzten und welche Konsequenzen sie haben würden. Deshalb wünschte er sich, es würde vor allem eines, schnell gehen. Doch wenn er in die Augen seines Peinigers sah, wusste er, dass es Herrn Schuermann nicht vorrangig ums Töten ging, sondern dass er ihn leiden sehen wollte.


Die beiden Rettungsassistenten hatten die Trage die drei Stockwerke hochgeschleppt und stellten sie nun im Flur von Ivonnes Wohnung ab. Die Badezimmertür war zu schmal, um die Trage bis dorthin zu schieben. Also hoben sie Ivonnes Körper aus dem Bad heraus, um sie anschließend auf der Trage festzuschnallen. Die Infusionsflasche am Kopfende befestigt ging es nun wieder drei Stockwerke hinunter.
»Fahren Sie auch ins Krankenhaus?«, fragte Herbert den Polizisten.

»Nein, ich warte hier, bis die Spurensicherung kommt und Sie fassen jetzt am besten nichts mehr an, verstanden!«

»Ja, ja, junger Mann«, sagte Herbert und hob beschwichtigend die Hände.

*Reichlich spät für diese Anweisung*, dachte er. Hier wimmelte es nun von Fingerabdrücken, von ihm, Lothar, Elke, dem Rettungsteam … und vom Täter, hoffentlich!

Herr Schuermann musste zwei Fernbedienungen bei sich führen, mit der er, je nach Belieben, die Stromstärke, mit der er Florian und seine Frau malträtierte, verstärkte oder verringerte, aber nie ganz abschaltete. Passte ihm eine Antwort nicht, verstärkte er die Spannung. Im Moment wandte er seine ganze Aufmerksamkeit wieder seiner Frau zu und ließ Florian links liegen.

»Durchgefüttert habe ich dich und deinen missratenen Sohn, diesen Bastard. Du hast mich um die Möglichkeit gebracht, ein freies, selbstbestimmtes Leben zu führen. So wie mein Vater mir meine Kindheit und meine Jugend gestohlen hat. Ich wurde ein Leben lang missbraucht, verarscht und ausgenutzt! Niemanden hat das interessiert. Doch damit ist jetzt Schluss. Ein für alle Mal!«

»Sie bringen Frau Holtkämper ins Städtische Klinikum«, sagte Elke. Sie war völlig außer Atem, und hielt sich am Geländer fest.

»Mensch Elke, setzt dich erst mal hin, sonst haben wir gleich den nächsten Notfall«, meinte Herbert und führte Elke an die Tür zu ihrer gemeinsamen Wohnung.

Elke nahm die alte Holztruhe, die dort stand, als willkommene Gelegenheit, sich hinzusetzen und zu verschnaufen.

»Sollten wir ihr ein paar Sachen bringen?«, fragte sie, nachdem sie sich ein wenig ausgeruht hatte.

»Das mache ich, bleib du sitzen.«

»So weit kommt es noch«, widersprach Elke und war ruckzuck wieder auf den Beinen. »In fremder Unterwäsche wühlen, das würde dir so passen. Nee, nee, las mich mal machen. Du weißt ja gar nicht, was sie so braucht.«

Mit diesen Worten schob sie sich an Herbert vorbei und machte sich auf den Weg in Ivonnes Schlafzimmer.

»Nichts anfassen!«, tönte die Stimme des Polizisten, der Elkes eigenmächtiges Handeln nicht dulden wollte.

»Ach Papperlapapp, die Frau braucht doch was zum Anziehen, wenn sie wieder aufwacht.«

»Aber …«, widersprach der Beamte, doch gegen die resolute Rentnerin kam er einfach nicht an.

Herberts Blick fiel indes auf das Päckchen, das er beim Betreten der Wohnung auf dem Schuhschrank abgelegt hatte. Nur deswegen hatte er überhaupt bei seiner Nachbarin geklingelt. Zum Glück war er so beharrlich geblieben.

Herbert erinnerte sich an die Dringlichkeit in der Stimme der Frau, die ihm das Paket für Ivonne übergeben hatte. Er warf einen Blick in den Flur, und hörte noch immer die Stimmen des Polizisten im Streit mit Elke.

Kurzentschlossen packte Herbert zu und ließ das Päckchen unter seiner groben Strickjacke verschwinden.

»Lass es gut sein Elke, der Mann macht nur seine Arbeit. Nun komm, ich bringe Frau Holtkämper ihre Sachen ins Krankenhaus.«

*Lange würde er es nicht mehr aushalten*, dachte Florian und Panik machte sich breit. Da trainierte er täglich seinen Körper und hielt ihn von Drogen jeglicher Art fern, und wofür das Ganze? , dachte Florian bitter. Um auf diesem alten Metallstuhl in einer schäbigen Fabrikhalle zu sterben? Die Stromschläge würden seinen Sinusrhythmus irgendwann so durcheinander bringen, dass sein Herz dieses Chaos nicht beherrschen würde. Die Kontraktionen seines Herzmuskels würden nicht mehr ausreichen und die Pumpleistung würde rapide abnehmen. Irgendwann würde es ganz aussetzen, und das wäre es dann.

»Hast du irgendwas erkannt? Hast du das Gesicht des Angreifers gesehen? Kannst du etwas zum Tathergang erzählen?«

Auf all die Fragen, die ihre Kollegen ihr nach der Einweisung ins Krankenhaus gestellt hatten, musste Ivonne ihren dröhnenden Kopf schütteln. Egal wie sehr sie sich konzentrierte und versuchte, sich den Moment des Überfalls wieder in Erinnerung zu rufen, war da nur ein riesengroßer Blumenstrauß vor ihrem Gesicht, und dann der brennende Schmerz auf ihrem Unterarm. Danach nur noch Schwärze und Kälte.

Sie hatte Florian erwartet und sorglos die Tür geöffnet, um viel zu spät zu erkennen, dass sie in die Falle des Täters getappt war. Würde ihr Kopf nicht ohnehin schon so dröhnen, würde sie sich selbst ohrfeigen. Die wichtigste Frage hatten ihr die Kollegen jedoch nicht gestellt, dachte Ivonne und gab sich gleich selbst die Antwort. Sie konnte sich nur einen vorstellen, der ihr das angetan haben könnte, Wolfgang Schuermann.

Sie musste unbedingt eine Fahndung nach ihm in Auftrag geben, auch wenn sie keine Beweise gegen ihn hatte. Diesmal würde der Staatsanwalt ihr einfach zuhören und vertrauen müssen.

In diesem Moment klopfte es leise an der Tür zu ihrem Krankenzimmer und ihr Nachbar Herbert lugte vorsichtig um die Ecke. Ivonne war überrascht, ihn hier zu sehen, freute sich aber, über die Umsicht ihres Nachbarn, als sie die Reisetasche in seiner Hand entdeckte.

»Frau Holtkämper, schön, dass es Ihnen wieder besser geht. Sie haben uns einen ganz schönen Schrecken eingejagt.«

»Soll das heißen...?«, fragte Ivonne und Herbert nickte.

Er erzählte ihr, was passiert war, nachdem der vermeintliche Blumenbote sie überwältigt hatte.

»Warum haben Sie überhaupt geklingelt?«, fragte Ivonne, nachdem ihr Nachbar seinen Bericht beendet hatte. Ivonne saß, noch immer recht blass um die Nase und einem leichten Schwindelgefühl im Krankenbett, das Kopfende hochgestellt.

»Wegen des Päckchens«, sagte Herbert.

»Welches Paket meinen Sie?«, fragte Ivonne irritiert. Sie konnte sich nicht erinnern, etwas bestellt zu haben.

»Das Päckchen, das die Frau heute Mittag bei Ihnen abgeben wollte. Ich war gerade unten an der Haustür, als sie versuchte, es in den schmalen Briefschlitz zu stopfen.«

»Welche Frau? Wie sah sie aus?«, fragte Ivonne, obwohl sie schon eine vage Vermutung hatte, wer diese geheimnisvolle Frau sein könnte, von der ihr Nachbar berichtete.

»Hm, ich schätze Anfang bis Mitte vierzig, etwa so groß wie Sie. Sie hatte lange dunkle Haare, streng nach hinten gekämmt und zu einem strammen Zopf gebunden.

Für meinen Geschmack war sie viel zu stark geschminkt. Und sie trug eine Menge Schmuck. Kettchen hier, Armreifen da, große Ohrringe, und an jeder Hand mindestens zwei Ringe.«

»Hat sie etwas gesagt?«

»Nur dass das Paket sehr, sehr wichtig ist und Sie es so schnell wie möglich bekommen sollten.«

»Wo ist das Paket jetzt?«

Herbert schaute sich um. Dann zog er es unter der Jacke hervor und reichte es Ivonne.

»Ich habe es aus der Wohnung mitgenommen. Ich hoffe, das war in Ordnung, von wegen Spurensicherung und so.«

»Herbert, das haben Sie genau richtig gemacht.«

Ivonne öffnete das Päckchen, das kaum größer als ein DINA5 Papier war, dafür aber gut drei Zentimeter dick. Weder auf der Vorder- noch auf der Rückseite war ein Name vermerkt, aber allein Herberts Beschreibung hatte ausgereicht und Ivonne hatte gewusst, wer ihr dieses Paket zugeschickt hatte. Aber warum gerade heute und was befand sich darin?

Der Inhalt des Päckchens überraschte Ivonne. Es war eine rotschwarze Chinakladde. So eine hatte Ivonne damals in ihrer Schulzeit benutzt. Gab es die heute eigentlich noch zu kaufen? Ivonne schlug sie auf und begann zu lesen.

»Herbert, Sie haben nicht zufällig auch mein Smartphone eingepackt? Das lag ebenfalls auf dem Schuhschrank, direkt neben der kleinen Schale.«

»Da war kein Handy.«

»Sind Sie sicher?«

»Absolut«, beteuerte Herbert, »aber vielleicht ist es während des ganzen Tohuwabohus runtergefallen. Am besten Sie rufen Ihren Kollegen vor Ort an, und der kann sich dann umschauen.«

»Das ist eine gute Idee, aber zuerst kümmere ich mich um Sie. Ich lasse Sie von einem Beamten nach Hause bringen, der bleibt dann die ganze Nacht bei Ihnen.«

»Meinen Sie, der Mann kommt wieder?«

»Nein, ich denke nicht. Aber ich würde mich wohler fühlen, wenn ich weiß, dass Sie und Ihre Frau sicher sind. Zusätzlich werden wir eine Streife vor dem Haus platzieren.«

Herbert erhob sich langsam vom Stuhl und drückte den Rücken durch. Man konnte ihm die Strapazen der letzten Stunden deutlich ansehen.

»Und ... Herbert, ich ... Sie haben mir das Leben gerettet, vielen Dank!«

»Ich hoffe, es bleibt bei dem einem Mal. Ich werde schließlich nicht jünger!«

Er reichte Ivonne lächelnd die Hand.

»Erholen Sie sich und dann schnappen Sie sich diesen Scheißkerl.«


Herr Schuermann hielt Florian den Regler vor die Nase, mit der er augenscheinlich die Stromstärke steuerte, die durch den Metallstuhl strömte, an dem Florian gefesselt war.

»Denk nochmal scharf nach.«

»Ehrlich, ich weiß nichts von einem Tagebuch.«

»Bei deiner Kommissaren Schlampe war es jedenfalls nicht. Also musst du es wohl haben.«

Herr Schuermann lachte.

»Die nimmt übrigens gerade ein schönes, kaltes Bad.«
*Oh nein*, dachte Florian. *Er hat sie ertränkt, dieses Schwein, dieser...*

»Sie kannst du nicht mehr retten, aber vielleicht dich selbst. Also zum letzten Mal, wo ist das Tagebuch?«


»Ich habe alles abgesucht, kein Handy definitiv.«
»Okay, danke für Ihre Mühe.«

Ivonne beendete das Telefonat mit dem Beamten, der in ihrer Wohnung auf das Team der Spurensicherung wartete. Es stand zu befürchten, dass Schuermann ihr Smartphone mitgenommen hatte. Es war ihr privates Handy, also würde er keine dienstlichen Nachrichten ... Scheiße! Auf ihrem Telefon waren die Kontaktdaten zu Florian gespeichert. Ebenfalls hatte Ivonne den Chatverlauf mit ihm aufbewahrt. Wenn Schuermann diesen lesen würde, wäre er über all ihre Schritte, Vermutungen und Gedankengänge informiert.

Herr Schuermann würde nun wissen, wo er Florian abpassen konnte. Er könnte ihn anschreiben und ihn in eine Falle locken. Florian würde ja meinen, die Nachricht käme von ihr! Sie musste ihn unbedingt erreichen. Verdammt! Sie hatte seine Nummer nur auf ihrem Handy gespeichert. Wer merkt sich dann noch eine Nummer? Denk nach, Ivonne, denk nach! Irgendwas mit ... sie griff erneut zum Hörer.

Florian tauchte immer wieder aus den Tiefen der Bewusstlosigkeit auf, mit nur einem Wunsch, gleich wieder in diese einsinken zu können. Erneut landete die schwielige Innenfläche der Hand des Täters mit voller Wucht auf seinem Jochbein und sein Kopf schleuderte ungebremst zur Seite. Obwohl er seinem Entführer schon zigmal versichert hatte, nichts von einem Tagebuch zu wissen, ließ dieser immer noch nicht von ihm ab.

*Der Gesprächsteilnehmer ist vorübergehend nicht erreichbar*, tönte es aus dem Telefonhörer.

»Verdammt!«

Ivonne hätte am liebsten das Mobilteil des Krankenhaustelefons an die Wand gepfeffert. Eine kurze Schwindelattacke hielt sie jedoch von dieser törichten Idee ab. Dieses Telefon war schließlich ihr einziger Draht nach draußen. Florian befand sich bereits in Schuermanns Gewalt, daran bestand für Ivonne kein Zweifel mehr, und dieser würde ihn töten, so wie er es bei ihr versucht hatte. In seiner Wohnung und im Institut war Florian nicht. Das hatte sie bereits überprüft.

Ivonne leitete sofort eine Großfahndung nach Herrn Schuermann ein und bestellte einen Streifenwagen zum Krankenhaus.

»Frau Holtkämper ... «

Dem Beamten, der sie abholte, war spürbar unwohl in seiner Haut.

»Der Chef meinte, Sie sollen im Krankenhaus bleiben. Wir kümmern uns um alles. Auch der Arzt ...«

»Ausruhen kann ich mich noch später«, fuhr Ivonne dazwischen. »Ich habe ja Sie, und Sie weichen mir ab jetzt nicht von der Stelle, klar?«

»Auf Ihre Verantwortung!«

»Ja, ja. Nun helfen Sie mir schon in diesem verdammten Rollstuhl und karren sie mich hier raus, und zwar umgehend.«


»Zum letzten Mal, wo ist das Tagebuch?«

*Ich muss die Taktik ändern*, dachte Florian. *Ich muss ihn glauben machen, das ich bis jetzt gelogen habe.*

»Sie haben Recht, ich habe gelogen«, stieß Florian hervor.

»Na siehste, geht doch. Biste endlich zur Vernunft gekommen, was? Wurde aber auch langsam Zeit. Ich dachte schon, deine Eier sind dir egal.«

Herr Schuermann stieß ein höhnisches Lachen aus.

»Also, wo ist es?«

Gute Frage!


Die Beamten des SEK, die Ivonne sofort nach der Auskunft des Beamten angefordert hatte, stürmten das Privathaus der Schuermanns, doch das Anwesen war leer.

»Frau Holtkämper, dass sollten sie sich ansehen«, forderte sie einer ihrer Kollegen auf.

Mitten auf dem riesigen Esstisch lag ein Abschiedsbrief:
*Mein Leben hat keinerlei Sinn mehr. Selbstmord ist mein einziger Ausweg. Leb wohl Deine Frau*

»Das glaube ich nicht. Ihr Mann muss sie gezwungen haben, diesen Brief zu verfassen. Frau Schuermann würde sich nicht umbringen. Sie ließe niemals ihren Sohn im Stich.«

Ivonne schüttelte energisch den Kopf und gab den Beamten weitere Anweisungen.

»Schaut euch um, im Bad, im Schlafzimmer. Findet mir Hinweise auf einen möglichen Aufenthaltsort der Frau.«

Ivonne machte sich in diesem Augenblick schwere Vorwürfe. Hatte sie Frau Schuermann in Gefahr gebracht? Hatte ihr Mann von ihrem Gespräch und dem Tagebuch erfahren? Befand sie sich jetzt ebenfalls in seiner Gewalt und würde sie sein nächstes Opfer werden?

»Im Bad ist der Spiegelschrank halb geleert, der Kleiderschrank im Schlafzimmer ebenfalls«, rief der Beamte von oben über die Galerie in das Wohnzimmer. »Und raten Sie mal, welche Sachen fehlen.«

In diesem Moment schrillte das Telefon des Festnetzanschlusses der Familie Schuermann. Nach zweimaligem Klingeln sprang der Anrufbeantworter an.

»Ja, äh hier ist nochmal Frau Schreiber aus dem Sekretariat des Internats. Frau Schuermann, es tut mir wirklich sehr leid, Sie nochmals stören zu müssen, aber ... wir müssen wissen, ob Sie in der Zwischenzeit schon einen Bestatter mit der Überführung des Leichnams ihres Sohnes beauftragt haben?«

Ivonne riss das Telefon aus der Station.

»Kommissarin Holtkämper hier, Morddezernat. Sie sagten der Sohn der Schuermanns ist tot?«

»Ja, er...«

»Was ist passiert? Hatte er einen Unfall?«

»Äh, nein… er … er hat sich das Leben genommen.«

»Wann?«

»Gestern Nacht. Wir haben ihn erst heute früh in seinem Zimmer gefunden.«

»Was war der Auslöser?«

»Das wissen wir nicht … wir …«

»Erzählen Sie mir keinen Quatsch. Es muss doch einen Grund gegeben haben.«

»Seine schulischen Leistungen entsprachen nicht unserem Anspruch.«

»War er zu dumm?«

»Nein, das nicht.«

»Aber?«

»Nun, wie gesagt der Leistungsdruck ist immens hoch. Wir sind eine angesehene Stiftung. Nur die Besten der Besten bestehen hier. Und dazu gehörte Tobias nicht. Aber ich glaube nicht, dass das der Auslöser für seine … Kurzschlussreaktion war.«

Ivonne war froh, dass sie nur mit der Sekretärin telefonierte. Hätte sie ihr gegenüber gesessen, hätte Ivonne für nichts garantieren können. In ihrer Wut überhörte sie fast den wichtigen Hinweis der Frau.

»… ich glaube, die Konsequenz, wieder nach Hause zu müssen, war ursächlich für seinen Suizid.«

»Weshalb vermuten sie das?«

»Tobias war still, in sich gekehrt und hatte kaum Kontakt zu den anderen Schülern.«

Das hatte Ivonne bereits von Frau Krüger erfahren.

»Trotzdem schien er sich im Internat sehr wohl zu fühlen«, fuhr die Sekretärin fort.

»Im Gegensatz zu den anderen Schülern, die jede Möglichkeit nutzten, um ein paar Tage zuhause zu verbringen, blieb er jedes Wochenende freiwillig hier. Sogar die Ferien wollte er am liebsten im Internat verbringen.«

Ivonne beendete gerade das Gespräch, als ein Kollege das Esszimmer betrat.

»Wir haben Blutspuren vorne im Flur gefunden. Die hat jemand versucht wegzuwischen, aber er war nicht gründlich genug.«

Ivonne rieb sich die pochende Stirn.

»Ich brauche umgehend eine Handyortung per stiller SMS«, forderte sie.

Warum dauert das so lange, dachte Ivonne. Sie saß an dem riesigen Esstisch und starrte auf das riesige Grundstück. Wie lange war es her, dass sie hier mit Frau Schuermann gesessen hatte? Wie viel war in der Zwischenzeit passiert! Die Wartezeit machte sie rasend. Die Schnitte an ihren Handgelenken schmerzten. Zum Glück war der Versuch des Täters, ihren Selbstmord vorzutäuschen, gründlich schief gegangen. Die Schnitte waren nur oberflächlich ausgeführt worden und hatten die darunterliegenden Sehnen nicht ernsthaft verletzt. Trotzdem brannten die Wundränder wie Feuer.

Doch Ivonne hatte auf Schmerzmittel verzichtet, um einen klaren Kopf zu bewahren. Ihr ganzer Körper, dem gut ein Liter Blut fehlte, sehnte sich nach einem Bett. Ihr war immer noch kalt und ihr Schädel dröhnte. Doch sie erlaubte sich nicht, schlappzumachen, nicht jetzt. Nicht bevor sie Florian und Frau Schuermann in Sicherheit wusste. Es war ihre Schuld, dass … ihr Telefon klingelte.

»Es ist das Gelände des ehemaligen Firmensitzes der Familie Schuermann. Ich schicke euch die Koordinaten aufs Smartphone.«

»Gut, und schick ein SEK Team an die gleiche Adresse und zwei Rettungswagen.«

»Zwei?«

»Zwei«, bestätigte Ivonne, in der Hoffnung, keinen davon wirklich benötigen zu müssen.

*Denk nach*, Florian, *denk nach!*

»Es ist in meiner Wohnung«, log er.

Ein Stromschlag schoss durch seinen Körper und seine Zähne schlugen hart aufeinander. Florian schmeckte Blut. Er musste sich auf die Zunge gebissen haben.

»Du lügst. Da war es nicht.«

Florian starrte sein Gegenüber ungläubig an.

»Sie … Sie waren in meiner Wohnung?«

Herr Schuermann grinste breit und ließ Florians Schlüsselbund vor dessen Nase hin und her schaukeln.«

»Sehr schöne Wohnung übrigens. Guter Geschmack, du hast Stil, das muss man dir lassen.«

»Dankeschön«, sagte Florian und lächelte schief.

»Schade nur, dass du sie nie mehr betreten wirst.«

»Waren wir eigentlich schon beim Du?«, fragte Florian und lachte über seinen, wie er fand, gelungenen Scherz. Mein Gott dieses Adrenalin war wirklich ein guter Stoff. Er konnte sich ein Yippieh yay hey, Schweinebacke gerade noch verkneifen.

In diesem Moment stürmte das Einsatzteam des SEK die Halle.

»Polizei! Herr Schuermann, ich fordere sie auf, nehmen sie die Hände hoch«, brüllte der Leiter des Einsatzkommandos.

Flankiert von zwei Beamten trat Ivonne vor und ging langsam auf den Täter zu.

»Drehen Sie sich um und zeigen Sie mir ihre Hände. Ich will ihre Hände sehen!«

Herr Schuermann rührte sich nicht von der Stelle. Wenn er überrascht war, Ivonnes Stimme zu hören, so ließ er sich dies nicht anmerken.

»Herr Schuermann, zum letzten Mal, drehen Sie sich um.«

»Sind Sie sicher, dass Sie das wollen, Frau Holtkämper?«

»Absolut«, entgegnete Ivonne mit letzter Kraftanstrengung.

»Nun, dann ist das alles, was danach passieren wird, Ihre Schuld. Können Sie damit leben? Schuld zu sein, am Tod zweier Menschen? Von denen Ihnen wenigstens einer, so hoffe ich doch, sehr am Herzen liegen sollte. Ihre Entscheidung, Frau Holtkämper.«

»Habe freies Schussfeld. Warte auf Freigabe. Wiederhole, freies Schussfeld, erwarte Freigabe«, hörte Ivonne die Durchsage des Scharfschützen in ihrem Ohrhörer. Unmerklich schüttelte sie den Kopf. Sie wollte das Schwein lebend. Niemand konnte sagen, welche Vorkehrungen er für diese Situation getroffen hatte und in welcher tödlichen Gefahr die beiden Geiseln schwebten, die von Schmerzen gepeinigt, zusammengekauert und um ihr Bewusstsein ringend, auf den beiden Stühlen gefesselt waren.

Schuerman war am Ende, sie war im Besitz des Tagebuches. Doch diese Tatsache würde Ivonne ihm wohlweislich nicht unter die Nase reiben, um ihn nicht unnötig unter Druck zu setzen. Wer weiß, welche Reaktion diese Information in seinem kranken Hirn auslösen würde. Der Schutz der Geiseln hatte höchste Priorität. Also ging sie zum Schein auf sein Spiel ein. Die junge Kommissarin holte tief Luft und unterdrückte den Schwindel, der sie erneut zu befallen drohte.

»Und Ihre Alternative lautet?«, fragte sie.

»Ah, ich merke, Sie werden vernünftig. Gut so«, lobte er Ivonne, als wäre sie ein kleines Kind. »Sie ziehen Ihre Männer zurück. Und ich meine alle, auch den Scharfschützen, der mich sicherlich bereits seit geraumer Zeit im Visier hat und nur noch auf ihre Freigabe wartet. Ich nehme meine Frau mit und Sie erhalten dafür Ihren Florian zurück. Er ist ein wenig lädiert, aber ansonsten noch ganz gut in Schuss. Ihre Entscheidung, Frau Holtkämper.«

»Diese Entscheidung nehme ich Ihnen ab«, stieß Frau Schuermann in diesem Moment hervor.

»Du?«, höhnte ihr Mann. »Dass ich nicht lache! Du hast doch noch nie eine Entscheidung gefällt. Dazu fehlt dir der Mumm. Und dein letztes bisschen Verstand hast du dir über die Jahre weggesoffen. Weil du nicht verkraftet hast, dass du für den tödlichen Unfall deines Bruders verantwortlich warst. Weil du mal wieder all dein Geld verkokst hattest und kein Pfennig mehr für das Taxi übrig war. Und dann deine sogenannte Karriere als Model. Ha, das ich nicht lache. Mit dem Fotografen hast du gefickt, damit er dich groß rausbringt.

Aber dein Husarenstück war der Bastard, den du mir unterjubeln wolltest. Dein missratener Sohn, der sich, sobald es mal schwieriger wurde, den Schwanz eingezogen hat. Er ist genauso so ein Jammerlappen wie du. Nichts kriegt er auf die Reihe, dieser Dummkopf, dieses Weichei, dieser Bettnässer.«

Ivonne war schockiert. Herr Schuermann wusste allem Anschein nach nichts von Tobias` Freitod. Seine Worte mussten sich für Nicole wie Messerstiche in ihre geschundene Seele anfühlen.

»Herr Schuermann hören Sie auf damit«, schaltete sich Ivonne ein.

»Sonst was?«, blaffte er sie an. »Verhaften Sie mich dann?«

Er wandte sich ihr zu und sein gemeines Grinsen wurde immer mehr zu einer Fratze. Es erinnerte Ivonne an den Joker aus den Batman Filmen.

»Schon bemerkt, Frau Kommissarin«, sagte er und wedelte mit den beiden Funkbedienungen in seinen Händen, »ich sitze am längeren Hebel. Eigentlich«, fuhr er fort und wies auf den Stuhl, auf dem Florian saß, »müssten Sie dort auf dem Stuhl sitzen. Als gerechte Strafe für ihre stümperhafte Ermittlungsarbeit. Mein Gott haben Sie im Dunkeln herumgestochert.«

Herr Schuermann lachte laut auf.

In diesem Moment beugte Frau Schuermann ihren Oberkörper nach vorne, bis ihre Lippen das dicke Armband erreichten, das sie um ihr Handgelenk trug.

»Was jetzt?«, fragte er seine Frau, »willst du die Kabelbinder durchbeißen? Du bist ja noch blöder, als ich dachte.«

Als sie sich wieder aufrichtete hielt sie eine weiße Kapsel zwischen ihren Zähnen.

»Ah, ist das wieder eine von deinen Scheißegal-Pillen? Kannst du die Wahrheit nicht mehr ertragen und willst du dich wieder betäuben. Oder ist es diesmal etwas Härteres? Etwas Endgültigeres?«

Erneut lachte er auf.

»Nur zu, beiß fest drauf, falls du dich traust!«

»Tun Sie das nicht Frau Schuermann!«, schrie Ivonne. »Merken Sie denn nicht, dass er genau das will! Nicole, seien Sie stark! Bleiben Sie am Leben!«

Ganz langsam wandte Frau Schuermann ihr den Kopf zu. Ivonne sah in ihr, von unzähligen Schlägen geschundenes, Gesicht.

*Wofür?*, fragte ihr unendlich trauriger Blick, *wofür?*

Auf diese Frage wusste Ivonne keine Antwort. Nicoles einziger Lebenssinn, ihr einziger Lichtblick, der für den es sich gelohnt hätte weiterzuleben, hatte sich lieber selbst getötet, als nach Hause zurückzukehren. Trotzdem musste Ivonne einen Weg finden, Nicole davon zu überzeugen, dass sie ihr Leben nicht wegwarf.

»Lassen Sie ihn nicht gewinnen«, flehte Ivonne sie an. »Bitte.«

Und tatsächlich. Der Blick, der Ivonne nun aus dem gesunden Auge traf, ließ Hoffnung in ihr aufkeimen. Sie nickte Frau Schuermann unmerklich zu. Die Frau öffnete den Mund, bereit die Giftkapsel fallen zu lassen, als ein Stromschlag durch ihren Körper fuhr und sie im Krampf die Kiefer aufeinanderpresste. Im selben Moment durchfuhr auch Florians Körper ein gewaltiger Stromstoß.

Zeitgleich knickten Herr Schuermanns Knie ein und sein Oberkörper krachte ungebremst zu Boden. Eine Blutlache breitete sich rund um seinen Kopf aus. Noch immer wanden sich die Körper der Geiseln unter den Stromstößen, die durch ihre Körper fuhren. Die Beamten des SEK stürmten voran und rissen dem getöteten Mörder die beiden Funkschalter aus den Händen und stoppten so die Stromzufuhr. Die Sanitäter der angeforderten Rettungswagen rannten auf die beiden Geiseln zu. Für eine von ihnen kam jedoch jede Hilfe zu spät.

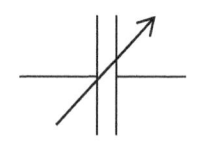

## Dreißigstes Kapitel

»Es tut mir so unendlich leid.«
Ivonne saß in ihrer verwaschenen Lieblingsjogginghose auf dem Rand von Florians Krankenbett. Er hatte die ganze Nacht auf der Intensivstation verbracht, wo er engmaschig kontrolliert worden war. Noch immer war die Gefahr einer Herzrhythmusstörung durch die Stromschläge, die sein Körper erlitten hatte, nicht endgültig gebannt. Er hatte den gesamten Vormittag verschlafen, aber nun war er bei Bewusstsein und saß, von einem dicken Kissen gestützt, aufrecht im Bett. Er würde noch mindestens drei weitere Tage zur Beobachtung im Krankenhaus bleiben müssen. Sein Gesicht war grün und blau, und die rechte Hälfte zudem dick angeschwollen. Den befürchteten Bruch des Jochbeins hatten die Röntgenbilder zum Glück nicht bestätigt. Florian fühlte sich wie durch den Fleischwolf gedreht. Sein Schädel brummte und das Sprechen schmerzte.

»Es war nicht deine Schuld«, flüsterte er trotzdem.

»Doch! Ich hätte ...«

»Psst«, sagte Florian leise und schüttelte unmerklich den Kopf, was ihm sichtlich Schmerzen verursachte und ihn einige Überwindung kostete.

»Was hast du an deinen Handgelenken gemacht?«, fragte er, als er die beiden schmalen Wundverbände an Ivonnes Unterarmen wahrnahm.

»Ach, das ist nichts.«

»Lüg mich nicht an«, sagte Florian leise und schaute ihr direkt in die Augen.

»Er ... er hat ...«

Sie brach ab. Ivonnes mühsam aufgebaute Beherrschung fiel in diesem Moment in sich zusammen und ehe sie sich versah, schossen ihr die Tränen in die Augen und bahnten sich ihren Weg über ihre Wangen. Sie konnte einfach nicht mehr aufhören zu weinen.

Im nächsten Moment ruhte ihr Kopf auf Florians Brust und er legte behutsam seinen Arm um ihre bebenden Schultern.

Schließlich versiegten Ivonnes Tränen und sie berichtete Florian, wie Herr Schuermann sie an der Wohnungstür überwältigt hatte.

»Ich dachte, du hättest früher Feierabend gemacht und habe sorglos die Tür geöffnet. Er stand mit einem riesigen Blumenstrauß vor der Tür.«

»Spätestens dann hättest du wissen müssen, dass ich es nicht sein konnte«, erwiderte Florian und versuchte ein Grinsen, gab aber mit schmerzverzerrtem Gesicht gleich wieder auf.

»Richtig«, bestätigte Ivonne und wischte sich die Tränen mit dem Ärmel ihres Sweatshirts von den Wangen, »aber diese Erkenntnis kam zwei Sekunden zu spät. Und die hat er genutzt, um mich außer Gefecht zu setzen. Es ging alles so schnell. Ich habe den Taser in seiner Hand erst viel zu spät gesehen.«

Florian nickte. Schließlich war es ihm nicht anders ergangen. Der Angriff auf ihn war aus dem Nichts gekommen und hatte eine Abwehrreaktion unmöglich gemacht.

»Ich bin erst wieder im Krankenhaus aufgewacht«, erzählte Ivonne weiter.

»Meine Kollegen haben mich gleich befragt, aber ich konnte keine vernünftige Aussage machen. Ich hätte ihn nicht eindeutig identifizieren können. Es ging alles viel zu schnell. Nachdem er mich überwältigt hatte, wollte er es wie einen Selbstmord aussehen lassen. Er hat mich in die Badewanne verfrachtet und versucht, meine Pulsadern aufzuschneiden. Meinen aufmerksamen Nachbarn ist es zu verdanken, dass ich frühzeitig gefunden wurde.«

»Wie habt ihr Herrn Schuermann letztendlich überführt?«, fragte Florian.

»Der entscheidende Hinweis kam von seiner Ehefrau«, antwortete Ivonne. »Sie hat mir ihr Tagebuch hinterlassen.«

»Ein Tagebuch? Danach hat mich ihr Mann ständig gefragt.«

»Deswegen war er auch bei mir. Er vermutete, dass seine Frau es zu mir gebracht hatte.«

»Und, lag er richtig?«

»Ja. Frau Schuermann wollte es mir gestern Mittag in meinen Briefkasten stecken, aber es war zu dick. Deshalb hat es zunächst mein Nachbar angenommen. Das Tagebuch ist eine chronologische Auflistung der Misshandlungen, unter denen Frau Schuermann und ihr Sohn seit Jahren gelitten haben. Ebenso wusste sie von den Affären ihres Mannes. Sie hat akribisch jedes Treffen festgehalten, jede Begegnung zwischen ihm und den drei Frauen. Ich glaube, sie hatte sich diese Notizen gemacht, um bei einer Scheidung etwas gegen ihren Mann in der Hand zu haben. Aber sie hat das zunächst nicht mit den Morden in Verbindung gebracht.«

»Erst dein Gespräch mit ihr, hat ihr die Augen geöffnet und sie hat die Zusammenhänge erkannt.«

Ivonne nickte.

Sie schwiegen eine Weile, jeder in seine Gedanken vertieft. Ihnen beiden war bewusst, dass sie verdammtes Glück gehabt hatten, noch am Leben zu sein.

»Wie geht es Frau Schuermann?«, fragte Florian in die Stille hinein. Ivonne wich seinem Blick aus und starrte aus dem Fenster. Doch dann holte sie tief Luft.

»Sie hat es nicht geschafft. Die Giftdosis war zu hoch und ihr Herz war durch die Stromschläge zu sehr geschwächt. Die Ärzte haben alles versucht. Sie hatten keine Chance.«

Nun war es Florian, der den Kopf zum Fenster drehte.

»Und Herr Schuermann?«

»Finaler Rettungsschuss. Er ließ uns keine andere Wahl, Florian. Euer Leben stand auf dem Spiel.«

Ivonne griff seine Hand.

»Ich hatte so eine Angst, dass wir zu spät kommen.« Florian wandte sich Ivonne zu und erwiderte ihren Händedruck.

»Der Junge tut mir leid«, sagte er, »jetzt ist Tobias ganz allein.«

Ivonnes Stimme versagte, beim Versuch, ihm die Wahrheit zu sagen, und ein weiteres Mal traten Tränen in ihre Augen. Florian sah sie fragend an, doch Ivonne konnte nur mit dem Kopf schütteln.

»Er hat sich das Leben genommen«, flüsterte sie schließlich, »die ganze Familie Schuermann ist ausgelöscht.«

# Ende

# Danksagung

Ohne die fachmännische Unterstützung folgender Personen hätte ich diesen Krimi nicht schreiben können.

## Dr. Nadezhda Chistiakova
## &
## Prof. Dr. Johann Lorenzen
vom Klinikum Dortmund

## Krimimalhauptkommissar
## Holger Rehbock
Leiter Presse und Öffentlichkeitsarbeit
Kreispolizeibehörde Soest

## H. Falkenstein
Bestattungsunternehmen Sichtigvor

## Sebastian Schmidt
Elektrotechnik Schmidt Sichtigvor

Vielen, lieben Dank für Ihre Zeit, und die Möglichkeit, tiefe Einblicke in Ihre Arbeit zu erhalten.

Liebe Leser*innen,

mir sind die beiden Protagonisten sehr ans Herz gewachsen. Ich hoffe, Ihnen auch.

Jedenfalls wird dieser Fall nicht der letzte dieses ungewöhnlichen Ermittlerduos bleiben. Fortsetzungen sind definitiv geplant und bereits in Arbeit.

Der zweite Fall mit dem Titel „Triage" geht bereits im Herbst 2022 an den Start.

ISBN: 9783756839025


Herzliche Grüße

Andrea Hundsdorfer